Strespräventionstraining für Kinder im Grundschulalter

Johannes Klein-Heßling
Arnold Lohaus

Stresspräventions-training für Kinder im Grundschulalter

4., überarbeitete Auflage

Dr. Johannes Klein-Heßling, geb. 1967. 1988–1994 Studium der Psychologie in Münster. 1997 Promotion. 1997–2005 Wissenschaftlicher Mitarbeiter am Fachbereich Psychologie der Universität Marburg und am Lehrstuhl für Pädagogische Psychologie und Gesundheitspsychologie der Humboldt-Universität Berlin. Seit 2005 Wissenschaftlicher Referent bei der Bundespsychotherapeutenkammer.

Prof. Dr. Arnold Lohaus, geb. 1954. Zunächst Lehramtsstudium und 1976–1980 Studium der Psychologie in Münster. 1982 Promotion. 1987 Habilitation. 1982–1996 Wissenschaftlicher Mitarbeiter, Hochschulassistent und Hochschuldozent am Fachbereich Psychologie der Universität Münster. 1996–2006 Professor für Entwicklungspsychologie an der Universität Marburg. Seit 2006 Inhaber der Professur für Entwicklungspsychologie und Entwicklungspsychopathologie an der Universität Bielefeld.

Zu diesem Buch ist die Audio-CD „Bleib locker" (3. Auflage, IBSN 978-3-8017-3099-4) mit Entspannungsübungen erhältlich.

Bibliografische Information der Deutschen Nationalbibliothek
Die Deutsche Nationalbibliothek verzeichnet diese Publikation in der Deutschen Nationalbibliografie; detaillierte bibliografische Daten sind im Internet über http://dnb.dnb.de abrufbar.

Hogrefe Verlag GmbH & Co. KG
Merkelstraße 3
37085 Göttingen
Deutschland
Tel. +49 551 999 50 0
Fax +49 551 999 50 111
info@hogrefe.de
www.hogrefe.de

Satz: Matthias Lenke, Weimar
Druck: mediaprint solutions GmbH, Paderborn
Printed in Germany
Auf säurefreiem Papier gedruckt

Die erste Auflage des Buches ist 1998 unter dem Titel „Bleib locker.
Ein Streßpräventionstraining für Kinder im Grundschulalter" erschienen.

4., überarbeitete Auflage 2021
© 1998, 2000, 2012 und 2021 Hogrefe Verlag GmbH & Co. KG, Göttingen
(E-Book-ISBN [PDF] 978-3-8409-3028-7; E-Book-ISBN [EPUB] 978-3-8444-3028-8)
ISBN 978-3-8017-3028-4
https://doi.org/10.1026/03028-000

Inhaltsverzeichnis

CD-ROM

Die CD-ROM enthält PDF-Dateien aller Materialien, die zur Durchführung des Therapieprogramms verwendet werden können.

Die PDF-Dateien können mit dem Programm Acrobat® Reader (eine kostenlose Version ist unter www.adobe.com/products/acrobat erhältlich) gelesen und ausgedruckt werden.

Vorwort zur 4. Auflage

Schon Kinder im Grundschulalter leiden unter den Folgen von Stress in Schule, Freizeit oder Familie. Die Kinder wirken nervös und angespannt, sind häufig müde und unkonzentriert, scheinen lustlos oder ziehen sich zurück. Viele Kinder klagen über Beschwerden wie Bauchweh, Kopfschmerzen, Appetitlosigkeit oder Ein- und Durchschlafschwierigkeiten. Obwohl Stress also schon im Kindesalter ein bedeutender Faktor ist, der unmittelbar oder mittelbar die körperliche und psychische Gesundheit beeinflusst, gibt es nur wenige spezifische Präventionsprogramme für Kinder. Während für den Erwachsenenbereich multimodale Stresspräventionstrainings Standard sind, beschränken sich Stressbewältigungsprogramme für Kinder nicht selten auf die Vermittlung von Entspannungstechniken.

Das vorliegende Stressbewältigungstraining für Kinder im Grundschulalter trägt mit einer multimethodalen Herangehensweise der Komplexität des Stressgeschehens bei Kindern Rechnung. Dabei hat das Training neben der Intervention auch die Stressprävention zum Ziel. Die Teilnahme soll Kindern helfen, mit aktuellen Belastungssituationen besser umzugehen und sie gleichzeitig auf zukünftige Anforderungssituationen vorbereiten. Entwicklung und Evaluation des Trainingsprogrammes erfolgten in Kooperation mit der Techniker Krankenkasse.

In acht Trainingssitzungen können Kinder lernen, Stresssituationen und Stressreaktionen wahrzunehmen und ihnen mit angemessenen Bewältigungsstrategien zu begegnen. In Rollenspielen und verhaltensbezogenen Hausaufgaben werden diese Copingstrategien praktisch erprobt. Darüber hinaus sammeln die Kinder erste Erfahrungen mit einer Entspannungstechnik, der Progressiven Muskelrelaxation. Die Anleitung von Entspannungsübungen zu Hause kann durch eine Audio-CD mit Entspannungsinstruktionen unterstützt werden, die zusätzlich zu diesem Trainingsmanual angeboten wird ("Bleib locker", 3. Auflage 2020, ISBN 978-3-8017-3099-4).

Für eine Verringerung von Stressbelastungen und ihren Folgen dürfen nicht ausschließlich die Kinder verantwortlich gemacht werden. Häufig können sie stressauslösende Situationen gar nicht allein beeinflussen. Hier sind Erwachsene gefordert. Deshalb werden an einem Elterninformationsabend und zwei begleitenden Elternabenden Möglichkeiten erarbeitet, wie Eltern ihre Kinder bei einer effektiveren Stressbewältigung unterstützen und selbst dazu beitragen können, das Stresserleben ihrer Kinder zu reduzieren.

Die Evaluationsergebnisse zeigen, dass die Teilnahme an dem Training bei den Kindern nicht nur zu einer Zunahme der Kenntnisse über potenzielle Stressreaktionen und Bewältigungsstrategien führt, sondern auch mit positiven Veränderungen im Stresserleben, bei der Stresssymptomatik und beim Einsatz von Bewältigungsstrategien verbunden ist.

Im Folgenden wird ein kurzer Überblick über die Kapitel dieses Trainingsmanuals gegeben. Im ersten Kapitel wird der transaktionale Stressansatz von Lazarus, der diesem Training zugrunde liegt, vorgestellt. Es folgt ein Überblick zum Forschungsstand zu Stress bei Kindern. Die Grundideen und die Grundkonzeption dieses Trainings sind in Kapitel 2 beschrieben.

Kapitel 3 informiert über die Durchführung der beiden Elternabende. Eine Beschreibung der einzelnen Trainingssitzungen findet sich im Kapitel 4. Dabei stellen die angegebene Reihenfolge und die Dauer der Übungen nur eine Planungshilfe dar. Der tatsächliche Sitzungsverlauf hängt sehr stark von der Gruppengröße, der

Motivations- bzw. Interessenlage sowie der Tagesform von Kindern und Trainingsleiter[1] ab. Ebenso ist der Wortlaut der Instruktionen zu den einzelnen Übungen nur als Beispiel gedacht, das die Vorbereitung des Trainingsleiters auf das Sprachverständnis von Kindern im Grundschulalter erleichtern soll. Sie sollten – mit Ausnahme der Instruktionen zur Progressiven Muskelrelaxation – nicht vorgelesen oder auswendig vorgetragen werden.

In Kapitel 5 schließt sich eine Darstellung der Evaluation dieses Trainings an. Die Evaluationsergebnisse zum Nutzen der Progressiven Muskelrelaxation waren der Anlass, weiterführende Untersuchungen über Entspannungsverfahren bei Kindern durchzuführen. Die Studienergebnisse haben wichtige Implikationen für die Gestaltung von Stressbewältigungstrainings und werden daher ausführlicher erläutert.

Ein wichtiges Ziel des Trainings ist es, dass die Teilnahme den Kindern Spaß macht. Deshalb werden für jede Sitzung Spiele und darüber hinaus einige Spielalternativen im Manual vorgeschlagen. Selbstverständlich können von den Kindern oder dem Trainingsleiter zu diesem Zweck auch eigene Vorschläge eingebracht werden.

Obwohl das vorliegende Programm als eigenständiges Stresspräventionstraining für Kindergruppen entwickelt wurde, bieten sich aufgrund seiner Konzeption in Form verschiedener Trainingsbausteine weitere Einsatzmöglichkeiten. So lassen sich einzelne Bausteine oder Trainingselemente bei Bedarf in andere Trainings integrieren. Darüber hinaus können einzelne Übungen auch im Rahmen des Schul- oder Förderunterrichtes sowie in Einzel- oder Gruppenpsychotherapien eingesetzt werden.

Das Training kann als Kursprogramm im Rahmen der verhaltensbezogenen Individualprävention durchgeführt werden. Es kann aber auch eine Maßnahme der Prävention und Gesundheitsförderung in Lebenswelten (z. B. in der Schule im Klassenverband) sein.

Das wissenschaftliche und praktische Interesse an dem Thema ist in den vergangenen Jahren weiter gestiegen und hat in der vorliegenden vierten Auflage an verschiedenen Stellen zu Aktualisierungen und Ergänzungen geführt. Besonders hingewiesen werden soll auf einige ergänzende Übungen bzw. Übungsalternativen, die am Ende von Kapitel 4 dargestellt werden. Es wurde darauf verzichtet, diese Trainingselemente direkt in das Training zu integrieren, weil sie bisher nicht evaluiert wurden. Sie können aber dennoch eine gute Ergänzung darstellen.

Ergänzt wurden auch Ergebnisse aus neueren Evaluationsstudien, die im Rahmen von Abschlussarbeiten an der Universität Bielefeld durchgeführt wurden.

Berlin und Bielefeld, im Juni 2020   Johannes Klein-Heßling und Arnold Lohaus

---

1 Zugunsten einer besseren Lesbarkeit verwenden wir im Text in der Regel das generische Maskulinum. Diese Formulierungen umfassen gleichermaßen alle Geschlechter (m/w/d). Die verkürzte Sprachform hat nur redaktionelle Gründe und beinhaltet keine Wertung.

Kapitel 1
Stress und Stressbewältigung

Stress ist heute in aller Munde: Kinder haben Schulstress, Jugendliche „stressende" Eltern und Lehrer. Berufstätige kommen gewöhnlich „gestresst" von der Arbeit nach Hause. Dort erwartet sie der Freizeitstress, der Beziehungsstress oder der Stress mit den Kindern. Diese Liste lässt sich nahezu beliebig fortführen.

Und ebenso wie sich im alltäglichen Sprachgebrauch die Vorstellungen über das, was „Stress" genannt wird, unterscheiden, finden sich auch in der Wissenschaft die verschiedensten Definitionen und Erklärungsmodelle, je nach Fachgebiet und theoretischer Ausrichtung. Denn mit dem Stressgeschehen sind mehrere Teilprozesse verbunden, die in den unterschiedlichen Stresskonzepten mehr oder weniger im Mittelpunkt stehen.

Im Folgenden wird ein Modell beschrieben, das die verschiedenen Teilprozesse des Stressgeschehens berücksichtigt und zugleich die Dynamik von Stresserleben betont: der transaktionale Ansatz von Lazarus (Lazarus, 1966; Lazarus & Launier, 1978). Diese Stresskonzeption ist die theoretische Grundlage des vorliegenden Präventionsprogrammes für Kinder im Grundschulalter.

1.1 Ein Modell zur Beschreibung des Stressgeschehens

Dem transaktionalen Ansatz von Lazarus liegt die Annahme zugrunde, dass Stress nicht ausschließlich aus äußeren, auf das Individuum einwirkenden Reizen (Zeitdruck, Lärm, Hitze) resultiert. Vielmehr entsteht Stress zum einen in Abhängigkeit von der Art und Weise, wie Umweltereignisse vom Individuum wahrgenommen und bewertet werden, zum anderen in Abhängigkeit von den verfügbaren und genutzten

Bewältigungsstrategien (s. Abb. 1). Voraussetzung für Stresserleben ist demnach ein gestörtes oder instabiles Gleichgewicht zwischen situationalen Anforderungen einerseits und den Bewertungen und Copingstrategien des Individuums andererseits.

Die Bewertungsprozesse sind ein grundlegender Faktor im Stressgeschehen, wobei zwischen primären und sekundären Bewertungen sowie Neubewertungen (tertiären Bewertungen) unterschieden wird. In der primären Bewertung werden Situationen oder Ereignisse als irrelevant, als positiv oder als stressbezogen eingeschätzt. Bei den stressbezogenen Bewertungen wird weiter differenziert in Schaden/Verlust (bei bereits eingetretener Schädigung), Bedrohung (bei erwarteter Schädigung oder erwartetem Verlust) und Herausforderung (bei erwarteter erfolgreicher Bewältigung einer risikoreichen Situation). Die Bewertung einer Situation als Herausforderung zeigt, dass das Erleben von Stress nicht ausschließlich negativ belegt sein muss.

In der sekundären Bewertung wird die Effektivität der eigenen zur Verfügung stehenden Bewältigungsressourcen beurteilt. In den Neubewertungen (tertiären Bewertungen) kommt es zu einer Veränderung der primären und sekundären Bewertung aufgrund von Hinweisen aus der Umwelt oder Rückmeldungen über das eigene Verhalten (z.B. hinsichtlich des Erfolgs der eingesetzten Bewältigungsmaßnahmen).

Eine bedeutende Größe im Stressprozess sind die eigenen Bewältigungskompetenzen. Unterschieden werden Strategien mit instrumenteller bzw. problemlösender Funktion und Strategien mit palliativer bzw. emotionsregulierender Funktion. Instrumentelle Strategien beziehen sich auf die konkrete Veränderung der Umwelt (z.B. Änderung der Zeitplanung, Reduktion von Lärmquellen) oder eigener Personenmerkmale (Ansprüche, Ziele, Gewohnheiten). Palliative

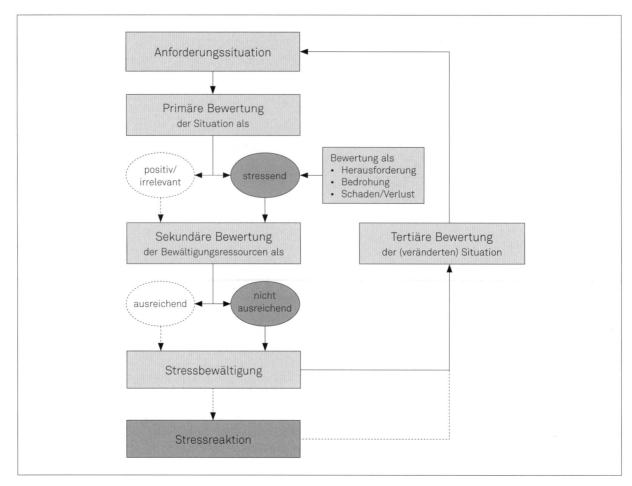

Abbildung 1: Grafische Darstellung des transaktionalen Stressansatzes (nach Lohaus & Vierhaus, 2019; modifiziert)

Strategien dienen der Kontrolle der somatischen und emotionalen Stressreaktionen (Ausruhen/Schlafen, sich abreagieren, Entspannungsübungen, Ablenkungen). Eine wichtige Voraussetzung für effektive Stressbewältigung besteht darin, einerseits über ein breites Spektrum an Copingstrategien zu verfügen, die sowohl instrumentelle als auch palliative Funktion haben, und diese Strategien andererseits situationsgerecht einsetzen zu können.

1.2   Stress bei Kindern im Grundschulalter

Die Untersuchung der Stressprozesse und ihrer Auswirkungen bei Kindern zeigt, dass bereits im Grundschulalter ein großer Teil der Schülerinnen und Schüler angibt, Stress zu erleben. In einer repräsentativen Studie des Instituts für Sozialforschung mit 4 691 Schülerinnen und Schülern der zweiten und dritten Grundschulklasse gaben 10 % der Kinder an, sich sehr oft gestresst zu fühlen. Weitere 15 % berichteten, sich

oft gestresst zu fühlen. Manchmal gestresst zu sein, gaben 35 % an. Selten oder gar nicht gestresst waren nach eigenen Angaben 30 % bzw. 9 % der Kinder (Beisenkamp, Müthing, Hallmann & Klöckner, 2012; s. Abb. 2).

Stressauslösende Situationen

Nach Moore (1975) lassen sich drei Arten von Stressoren, die in der Kindheit von Bedeutung sein können, unterscheiden (s. auch Beyer & Lohaus, 2018):
- Lebenskrisen (wie schwere Erkrankungen, Scheidung der Eltern, Tod eines Elternteils)
- entwicklungsbedingte Probleme (wie Schuleintritt, Pubertät)
- alltägliche Spannungen und Probleme.

Werden Kinder zum eigenen Stresserleben befragt, dann sind es vor allem die alltäglichen Spannungen und Probleme, die mit Stress in Zusammenhang gebracht werden.

Lohaus (1990) befragte 342 Kinder und Jugendliche im Alter von 7 bis 16 Jahren zu ihren Erfahrungen mit Stress. 72% der Sieben- bis Elfjährigen benannten konkrete Stresssituationen, überwiegend aus dem schul- und leistungsbezogenen Kontext (wie das Schreiben einer Klassenarbeit oder zu schwere bzw. zu viele Hausaufgaben), aber auch aus dem sozialen Bereich (wie Streit mit Freunden oder Eltern). Über die Verursachung von Stress hatten 36% der Kinder und 17% der Jugendlichen keine Vorstellung. Wenn Angaben gemacht wurden, nannten die jüngeren Schüler überwiegend externale Faktoren (wie Streitigkeiten oder Zeitdruck), die älteren Schüler nannten sowohl externale als auch internale Faktoren.

Auch andere Studien zeigen, dass Kinder im Alltag mit einer großen Bandbreite an Stressoren konfrontiert sind. Die größte Bedeutung kommt dabei Stressoren aus dem Schul- und Leistungskontext zu (vgl. Lohaus, Eschenbeck, Kohlmann & Klein-Heßling, 2018). Dies wird auch durch die Studie des Instituts für Sozialforschung belegt (Beisenkamp et al., 2012): Der größte Teil des Stresserlebens wird mit 33% durch die Schule erzeugt, gefolgt von Ärger und Streit (21%), Familie, Geschwister und Eltern (17%), Gebote und Verbote (9%) sowie Hetze und Eile (7%).

In einer prospektiven Längsschnittuntersuchung mit Jugendlichen und jungen Erwachsenen im Alter von 14 bis 24 Jahren konnten Asselmann, Wittchen, Lieb und Beesdo-Baum (2017) die vom transaktionalen Stressmodell postulierte Wechselwirkung zwischen Person und Umwelt beim Stresserleben von Heranwachsenden nachweisen und einen Zusammenhang mit dem Auftreten psychischer Erkrankungen zeigen. Alltägliche Spannungen und Probleme erhöhen das Risiko psychischer Erkrankungen nur bei Personen, die die Wirksamkeit ihres Bewältigungsverhaltens als niedrig einschätzen. Bei hoher wahrgenommener Wirksamkeit des eigenen Bewältigungsverhaltens erhöht eine hohe Anzahl alltäglicher Spannungen das Erkrankungsrisiko nicht. Die Autoren sehen vor diesem Hintergrund einen großen Nutzen von Stressmanagement-Interventionen, um bei hoher Belastung durch Daily hassles die Manifestation von Angststörungen und Affektiven Störungen zu verhindern.

Stressbewältigungsstrategien

Es gibt verschiedene Vorschläge zur Systematisierung von Copingstrategien. Die verbreitete Unterscheidung zwischen Strategien mit instrumenteller und Strategien mit palliativer Funktion wurde bereits dargestellt. Die meisten Systematisierungsansätze stimmen darin überein, dass Strategien, die direkt auf die Beeinflussung der stressauslösenden Situation bezogen sind, von stärker indirekten Strategien unterschieden werden, die entweder das Ausmaß der Konfrontation mit der stressauslösenden Situation reduzieren (z.B. durch Vermeidungsverhalten oder die Neudefinition von Zielen) oder aus der Konfrontation mit Stressoren resultierende Emotionen regulieren (s. zusammenfassend Carver & Connor-Smith, 2010; Eschenbeck, Schmid, Schröder, Wasserfall & Kohlmann, 2018).

Auf die Frage, was sie gegen Stress tun können, wissen jedoch nur wenige Kinder im Grundschulalter konkrete Antworten. In der Befragung von Lohaus (1990) waren sogar 25% der befragten Kinder der

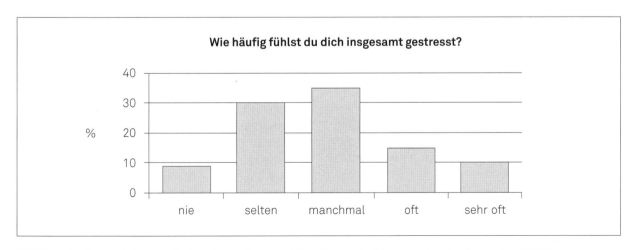

Abbildung 2: Stresserleben von Kindern der zweiten und dritten Grundschulklasse (nach Beisenkamp et al., 2012)

Meinung, gegen Stress könne nichts getan werden. Wenn Strategien benannt wurden, bezogen sie sich überwiegend auf die Veränderung der Zeitplanung oder die Einhaltung von Ruhepausen.

Defizite in der Kenntnis von Stressbewältigungsstrategien sind auch darauf zurückzuführen, dass Kindern nicht die gleichen Strategien zur Verfügung stehen wie Erwachsenen, da für sie Strategien mit Sanktionen verbunden sind, die bei Erwachsenen gebilligt werden. So zieht beispielsweise die Äußerung von Ärger oder Missfallen im Unterricht für Schüler häufig negative Konsequenzen nach sich, während sie einer Lehrerin oder einem Lehrer eher zugestanden wird. Ebenso wenig werden bei Kindern Tagträume während des Unterrichts geduldet, mit denen eine entspannende Wirkung verbunden sein kann. Auch verbieten sich einem Kind bestimmte Vermeidungsstrategien (Situation verlassen, Leistung einstellen), die von Erwachsenen potenziell eingesetzt werden können (s. auch Domsch, Lohaus & Fridrici, 2016).

Daneben gibt es auch Entwicklungsveränderungen im Einsatz von Bewältigungsstrategien von der Kindheit zur Jugend. Bei Kindern im Grundschulalter dominiert instrumentelles Bewältigungsverhalten, während Strategien mit palliativer Funktion in dieser Altersgruppe noch selten eingesetzt werden. Sie gewinnen aber im Jugendalter an Bedeutung (Eschenbeck, Kohlmann & Lohaus, 2007). Wie die Metaanalyse von Zimmer-Gembeck und Skinner (2011) zeigt, nehmen über das Alter hinweg nicht nur die Bewältigungskompetenzen zu (im Sinne eines breiteren verfügbaren Bewältigungsrepertoires), sondern auch die Fähigkeiten zu einem situationsgerechten Einsatz.

Beispielsweise hängt es wesentlich von der Kontrollierbarkeit einer Situation ab, ob problemorientiertes oder emotionsregulierendes Coping angemessen ist. In gut kontrollierbaren Stresssituationen sind instrumentelle Strategien, in wenig gut kontrollierbaren Situationen dagegen palliative Strategien effektiver (Hoffner, 1993; Yeo, Frydenberg, Northam & Deans, 2014). Die für eine situationsgerechte Auswahl von Bewältigungsverhalten erforderliche realistische Einschätzung der Kontrollierbarkeit einer Situation ist jedoch bei vielen Kindern nicht in hinreichendem Maße zu beobachten.

Ein guter Prädiktor für erfolgreiche Stressbewältigung ist die Verfügbarkeit allgemeiner Problemlösefähigkeiten (Cowen et al., 1992). Mit den Kompetenzen zur Problemdefinition, Lösungssuche, Entscheidungsfindung sowie der Erprobung und Bewertung von Lösungen können Kinder situationsspezifisch ihr individuelles Stressbewältigungsprogramm erarbeiten.

Stresssymptome

Stresserleben äußert sich in Beanspruchungssymptomen auf der physiologisch-vegetativen, der kognitiv-emotionalen und der verhaltensbezogenen Ebene. Physiologisch-vegetative Symptome zeigen sich, weil es in einer Stresssituation kurzfristig zu einer körperlichen Aktivierung und Mobilisierung der Widerstandskräfte kommt – eine Reaktion, die kurzfristig sinnvoll und adaptiv sein kann. Bei Daueraktivierung des Organismus können jedoch Ermüdungs- bis hin zu Erschöpfungszuständen die Folge sein. Auch Kopf- und Bauchschmerzen sowie Ein- und Durchschlafprobleme sind nicht selten. Da ein dauerhaftes Stresserleben weiterhin häufig mit einer immunsuppressiven Wirkung verbunden ist, kann es als weitere Folge zu einer erhöhten Anfälligkeit für Infektionserkrankungen (wie Erkältungen etc.) kommen (Gunnar & Quevedo, 2007).

Kognitiv-emotionale Stressreaktionen sind belastende Gedanken und Gefühle, die durch die Konfrontation mit einem Stressor ausgelöst werden. Körperliche Unruhe, Konzentrationsschwierigkeiten und Veränderungen des Sozialverhaltens zählen zu den potenziellen Stresssymptomen auf der verhaltensbezogenen Ebene. Auch Konzentrations- und Leistungsstörungen können als sichtbare Zeichen einer Überbelastung interpretiert werden.

Sind Kinder über längere Zeit starkem Stress ausgesetzt, ist das Risiko für psychische und physische Erkrankungen erhöht und es können körperliche, emotionale und behaviorale Manifestationen beobachtet werden (Barkmann, Braehler, Schulte-Markwort & Richterich, 2010; Burkhart, Horn Mallers & Bono, 2017). In einer Befragung von 1014 Dritt- und Viertklässlern gaben 31.6 % an, mehrmals in der Woche nicht gut schlafen zu können, 15.1 % hatten mehrmals in der Woche keinen Appetit, 18.8 % Kopfschmerzen und 14.8 % Bauchschmerzen. Schwindel und Übelkeit wurden von 11.0 % und 7.1 % der Grundschüler angegeben (Basis: Normierungsstichprobe zum SSKJ 3–8-R; Lohaus et al., 2018; s. Abb. 3).

Bei einigen Befragten verbergen sich hinter den Beschwerden sicherlich auch akute oder chronische

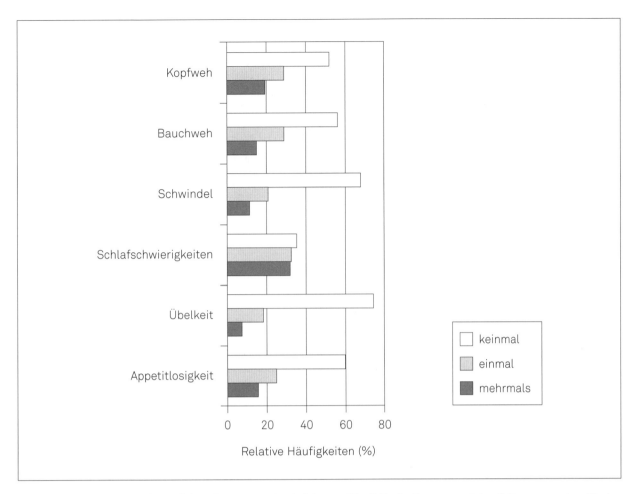

Abbildung 3: Nennung von körperlichen Symptomen durch Dritt- und Viertklässler (bezogen auf den Zeitraum von einer Woche; Lohaus et al., 2018)

Erkrankungen, die nicht mit Stressbelastungen in Zusammenhang stehen. Die Symptomhäufigkeiten liegen jedoch in Größenordnungen, die eine ausschließliche Erklärung durch akute oder chronische Erkrankungen unwahrscheinlich erscheinen lassen. Für Fünft- bis Zehntklässler konnten Lohaus, Beyer und Klein-Heßling (2004) zeigen, dass substanzielle Zusammenhänge zwischen dem Ausmaß des Stresserlebens und der von Schülern berichteten physischen und psychischen Symptomatik bestehen bleiben, auch wenn die Folgen akuter und chronischer Erkrankungen als Ursachen herausgerechnet wurden.

Auch eine Studie von Ziegler (2015) belegt den Zusammenhang zwischen dem Stresserleben und den Symptomangaben von Kindern. Hier finden sich bei Kindern, die ein hohes Stresserleben angeben, deutlich mehr Müdigkeit, mehr Einschlafprobleme, mehr Kopfschmerzen und mehr Bauchschmerzen als bei Kindern, die über ein niedriges bis moderates Stresserleben berichten (s. Abb. 4).

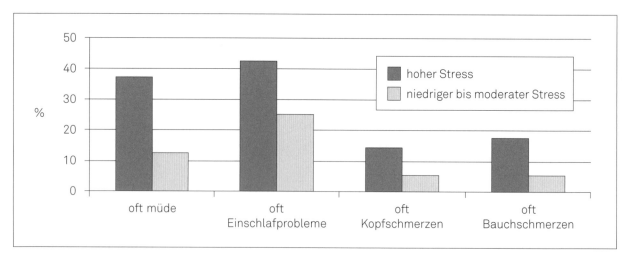

Abbildung 4: Zusammenhang zwischen Stress und Symptomangaben (Ziegler, 2015)

Protektive Faktoren

Als protektive Faktoren werden Einflussgrößen bezeichnet, die bei hoher potenzieller Stressbelastung die Manifestation von Stresssymptomen verhindern.

Zu den Schutzfaktoren, die beim Kind selbst lokalisiert sind, gehören hohe Selbstwirksamkeitserwartungen und internale Kontrollüberzeugungen (bezogen auf die Erwartungen, mit eigenem Verhalten Belastungen zu bewältigen). Ein hoher Selbstwert ist ein weiterer „Puffer" zwischen kritischen Lebensereignissen und der Entwicklung psychischer Symptome, sodass es trotz einer beobachteten großen Belastung nicht zu einer hohen psychischen und physischen Beanspruchung eines Kindes kommt (Burg & Michalak, 2012; Lohaus & Nussbeck, 2016). Stressbewältigungskompetenzen sind ebenfalls Ressourcen, die negative Folgen von Belastungen mildern oder gar verhindern (Gloria & Steinhardt, 2014; Ruiz-Casares, Guzder, Rousseau & Kirmayer, 2014). Zu ihnen zählen allgemeine Problemlösefähigkeiten, eine realistische Einschätzung der Kontrollierbarkeit einer Situation und die Verfügbarkeit von instrumentellen und palliativen Strategien, die ein situationsgerechtes Coping ermöglichen.

Neben diesen protektiven Eigenschaften des Kindes kann auch das soziale Umfeld die Auswirkungen von Belastungen abfedern (Cheetham-Blake, Turner-Cobb, Family & Turner, 2019). Sowohl der Aufbau der oben genannten Kognitionen und der Erwerb von Bewältigungsverhalten als auch die aktive Stressbewältigung kann von Personen aus dem Umfeld des Kindes beeinflusst werden. Sie können dort helfend einspringen, wo dem Kind die Möglichkeiten zur in-

strumentellen Bewältigung fehlen. Daneben kann soziale Unterstützung auch palliative Funktionen haben, beispielsweise wenn Kindern durch Trostspenden bei der emotionalen Bewältigung von Belastungen geholfen wird.

1.3 Diagnostische Verfahren

Für die indikationsbezogene Trainingsgestaltung, die Dokumentation individueller Veränderungen und die Trainingsevaluation gibt es standardisierte Erhebungsinstrumente zu den verschiedenen Aspekten der Stressverarbeitung von Kindern im Grundschulalter. Die meisten setzen als Selbstbeurteilungsverfahren ausreichende Lesefertigkeiten voraus und sind als Fragebogen in der Regel erst ab der zweiten Hälfte des Grundschulalters einsetzbar. Als Alternative kann auch die Verwendung als mündliche Befragung geprüft werden.

Verfügbar sind Instrumente, die verschiedene Ebenen des Stressgeschehens übergreifend erfassen, sowie Verfahren, die auf einzelne Aspekte der Stressverarbeitung fokussieren (s. hierzu ausführlich Eschenbeck, Lohaus & Kohlmann, 2007; Kohlmann, Eschenbeck, Jerusalem & Lohaus, 2021).

Ebenenübergreifende Verfahren

Eines der wenigen deutschsprachigen Erhebungsinstrumente mit einer ebenenübergreifenden Ausrichtung ist der *Fragebogen zur Erhebung von Stress und Stressbewältigung im Kindes- und Jugendalter – Re-*

vision (SSKJ 3-8 R; Lohaus, Eschenbeck, Kohlmann & Klein-Heßling, 2018) für Kinder der dritten bis achten Klasse. Der Fragebogen ist eine Weiterentwicklung des *Fragebogens zur Erhebung von Stresserleben und Stressbewältigung im Kindesalter* (SSK; Lohaus, Fleer, Freytag & Klein-Heßling, 1996) und umfasst drei Fragebogenbereiche: Die Vulnerabilität für potenzielle Alltagsstressoren, das Ausmaß der Nutzung unterschiedlicher Bewältigungsstrategien und das Ausmaß der physischen und psychischen Stresssymptomatik.

Bei den Bewältigungsstrategien unterscheidet das Instrument zwischen der Suche nach sozialer Unterstützung, problemorientierter Bewältigung, vermeidender Bewältigung sowie palliativer und ärgerbezogener Emotionsregulation. Die fünf Dimensionen zur Stressbewältigung werden für zwei unterschiedliche Situationen erhoben, um situationale Unterschiede im Stressbewältigungsverhalten identifizieren zu können. Die psychische Stresssymptomatik setzt sich aus den Unterskalen Angst, Traurigkeit und Ärger zusammen. Zur Bewertung individueller Skalenwerte liegen geschlechtsspezifische Stanine-Werte und Prozentränge für drei Altersgruppen vor.

Erhebung von Stresserleben

Neben den ebenenübergreifenden Instrumenten gibt es Verfahren, die einzelne Aspekte der Stressverarbeitung (wie Stresserleben, Stressbewältigung oder Stresssymptomatik) erheben. Als frühestes Instrument für das Kindesalter gilt die *„Life Change Unit"-Skala* von Coddington (1972), die bei Kindern eine Liste kritischer Lebensereignisse abfragt. Für den deutschen Sprachraum ist in diesem Zusammenhang die Zürcher Lebensereignis-Liste (ZLEL; Steinhausen & Winkler Metzke, 2001) zu nennen. Dieser Fragebogen erfasst verschiedene Stressoren aus den Bereichen Schule, Familie, Beziehungen zu Gleichaltrigen sowie Krankheit, Unfall und Verlust. Für jedes Ereignis wird erfasst, ob es im Laufe der vergangenen 12 Monate eingetreten ist und als wie angenehm bzw. unangenehm es erlebt wurde. Es lassen sich Scores für die Anzahl der erlebten Ereignisse sowie für das Ausmaß der erlebten Belastung berechnen. Beide Indikatoren weisen auf das Ausmaß des Stresserlebens eines Kindes bzw. Jugendlichen (Altersspektrum: 10 bis 17 Jahre) hin. Die Anzahl der erlebten Ereignisse sowie der Belastungsgrad weisen bedeutsame Bezüge zu Indikatoren für psychische Auffälligkeiten auf, wodurch die Validität dieses Instruments belegt wird (Steinhausen & Winkler Metzke, 2001).

Erhebung von Stressbewältigungsverhalten

Als ein Verfahren für Grundschüler, das spezifisch für die Erhebung von Stressbewältigungsverhalten entwickelt wurde, ist der *Stressverarbeitungsfragebogen nach Janke und Erdmann angepasst für Kinder und Jugendliche* (SVF-KJ) von Hampel und Petermann (2016) zu nennen. Das Testverfahren für 8- bis 16-jährige Kinder erfasst neun Bewältigungsstrategien, die zwei übergeordneten Funktionen (stressreduzierende Strategien und stressvermehrende Strategien) zugeordnet werden können. Aus den neun Bewältigungsstrategien lassen sich drei Sekundärdimensionen ableiten, die als „Emotionsregulierende Bewältigung", „Problemlösende Bewältigung" und „Negative Stressverarbeitung" interpretiert werden.

Erhebung von Stresssymptomen

Erhebungsinstrumente, die ausschließlich und explizit Stresssymptome erfassen, gibt es aktuell nicht. Diese Funktion kann aber von anderen Symptomchecklisten erfüllt werden, da es grundsätzlich schwierig ist, mittels Befragung stressbedingte von nichtstressbedingten Symptomen zu unterscheiden.

Ein breit angelegtes Instrument zur Erhebung von Symptomatiken ist die *Child Behavior Checklist* (CBCL; Achenbach, 1991). Sie erfasst mittels Fremdbeurteilung Verhaltensprobleme und soziale Kompetenzen von Kindern und Jugendlichen im Alter von 4 bis 18 Jahren aus der Sicht ihrer Eltern. Eine Selbstbeurteilungsversion gibt es erst für Jugendliche im Altersbereich von 11 bis 18 Jahren. Die Schulalterformen der CBCL liegen in einer deutschsprachigen Fassung vor (CBCL/6-18R, TRF/6-18R, YSR/11-18R; Döpfner, Plück & Kinnen, für die Arbeitsgruppe Deutsche Child Behavior Checklist, 2014).

Eine (zeit-)sparende Alternative ist der *Strengths and Difficulties Questionnaire* (SDQ) von Goodman (1997, 1999), der nur 25 Items umfasst. Es gibt auch hier eine deutschsprachige Version (*Fragebogen zu Stärken und Schwächen*; SDQ-Deu), die in Bezug zu Außenkriterien zu ähnlichen Ergebnissen führt wie die englischsprachige Version (Klasen et al., 2000).

Eine weitere Möglichkeit, Stresssymptomatiken zu erfassen, bietet sich mit dem *Lebensqualitätsfragebogen für Kinder* (KINDL-R; Ravens-Sieberer, 2003; Ravens-Sieberer & Bullinger, 2000). Der Fragebogen erfasst die Dimensionen „körperliches Wohlbefinden", „psychisches Wohlbefinden", „Selbstwert",

„Familie", „Freunde" und „Funktionsfähigkeit im Alltag". Der KINDL-R ist in drei Formen für unterschiedliche Altersgruppen (4 bis 7, 8 bis 12 und 13 bis 16 Jahre) verfügbar. Für die Altersgruppen 4 bis 7 und 8 bis 16 gibt es darüber hinaus Fremdbeurteilungsversionen für Eltern. Weiterhin ist auch das KIDSCREEN-Verfahren *Fragebogen zur Erfassung der gesundheitsbezogenen Lebensqualität von Kindern und Jugendlichen* in diesem Zusammenhang zu nennen (Bisegger et al., 2005), das in einem Altersbereich von 8 bis 18 Jahren einsetzbar ist und ebenso in einer Selbst- und Fremdberichtsversion vorliegt.

Erhebung von Schutzfaktoren bzw. Ressourcen

Ein geringeres Stresserleben ist dann zu erwarten, wenn Kinder und Jugendliche über hinreichende personale und soziale Ressourcen verfügen. Zur Erhebung der vorhandenen Schutzfaktoren bzw. Ressourcen haben Lohaus und Nussbeck (2016) einen Fragebogen für Kinder und Jugendliche der Klassenstufen 3 bis 10 entwickelt. In dem *Fragebogen zu Ressourcen im Kindes- und Jugendalter* (FRKJ 8–16) werden als personale Ressourcen (a) Empathie und Perspektivenübernahmefähigkeit, (b) Selbstwirksamkeit, (c) Selbstwertschätzung, (d) Kohärenzsinn, (e) Optimismus und (f) Selbstkontrolle erfasst. Als soziale Ressourcen werden (g) Elterliche Unterstützung, (h) Autoritativer Erziehungsstil, (i) Integration in die Peergruppe und (j) Schulische Integration einbezogen. Wie die Validitätsanalysen zu diesem Fragebogen zeigen, ist das Stresserleben umso geringer, je mehr personale und soziale Ressourcen zur Verfügung stehen (Lohaus & Nussbeck, 2016). Dies belegen in ähnlicher Weise auch die Validitätsanalysen zum SSKJ 3–8-R (s. Lohaus et al., 2018).

Erhebung von Elternstress

Häufig geht ein erhöhtes Stressempfinden bei Kindern mit einem erhöhten Stresserleben der Eltern einher. Hier sind wechselseitige Beeinflussungen in beide Richtungen denkbar. So ist beispielweise bekannt, dass Erziehungssituationen, die erhöhte Anforderungen an Eltern stellen, mit einem erhöhten Elternstress korrelieren. Verschiedene Studien zeigen Zusammenhänge zwischen dem Ausmaß der internalisierenden und externalisierenden Verhaltensproblemen von Kindern und dem Ausmaß des berichteten Elternstresses (s. u.a. Mesman & Koot, 2000; Lohaus et al. 2017), wobei die Bezüge in der Regel bei externalisierenden Verhaltensproblemen enger

sind als bei internalisierenden. Assoziationen zum Elternstress wurden auch bei Kindern mit Entwicklungsrückstanden gefunden (Neece, Green & Baker, 2012), bei Kindern mit Autismus-Spektrum-Störungen (Hayes & Watson, 2013), bei Kindern mit Schlafstörungen (Meltzer & Mindell, 2007) und bei Kindern mit chronischen Krankheiten (Cousino & Hazen, 2013). Im Allgemeinen sind sowohl psychische als auch somatische Probleme typischerweise mit erhöhten Anforderungen an die Eltern verbunden, was sich oft in einer verstärkten Wahrnehmung von elterlichem Stress widerspiegelt. Auf der anderen Seite kann der elterliche Stress wiederum die Verhaltensprobleme der Kinder verstärken, da die Eltern häufiger gereizt reagieren und weniger gut auf die Bedürfnisse ihrer Kinder eingehen können. Wegen der möglichen wechselseitigen Aufschaukelungsprozesse sollte daher auch dem Elternstress Beachtung geschenkt werden.

Für die Erhebung des Ausmaßes der elterlichen Belastung gibt es im deutschsprachigen Raum zwei Erhebungsinstrumente. Der *Elternstressfragebogen* (ESF) von Domsch und Lohaus (2010) enthält vier Fragebogenbereiche, die (a) das Ausmaß des elterlichen Stresserlebens, (b) das Ausmaß der erlebten Rollenrestriktion durch die Elternschaft, (c) das Ausmaß der erlebten Sozialen Unterstützung sowie (d) das Ausmaß der erlebten Unterstützung in der Partnerschaft (falls vorhanden) erfassen. Der Fragebogen liegt in einer Version für Vorschul- und Schulkinder vor. Daneben kann zur Erhebung des Elternstresses das *Eltern-Belastungs-Inventar* (EBI) von Tröster (2010) eingesetzt werden. Das EBI enthält fünf Subskalen, die Belastungsquellen erheben, die von der Seite des Kindes ausgehen (Ablenkbarkeit/Hyperaktivität des Kindes, Akzeptierbarkeit, Anforderung, Anpassungsfähigkeit und Stimmung) sowie sieben Subskalen, die auf Beeinträchtigungen von elterlichen Funktionsbereichen ausgerichtet sind (Bindung, Soziale Isolation, Zweifel an der elterlichen Kompetenz, Depression, Gesundheit, Persönliche Einschränkung, Partnerbeziehung). Beide Instrumente können eine sinnvolle Ergänzung sein, wenn neben dem kindlichen auch der elterliche Stress beachtet werden soll.

1.4 Stressbewältigungstrainings für Kinder

Die Datenlage zum Ausmaß des kindlichen Stresserlebens und seinen Folgen macht deutlich, dass eine Reduktion der Stressbelastung einen erheblichen Beitrag zur Krankheitsprävention und Gesundheitsförderung im Kindesalter leisten würde. Hier sind theoretisch unterschiedliche verhaltens- und verhältnisbezogene Interventionen denkbar (ein Überblick über Strategien der Gesundheitsförderung bei Kindern und Jugendlichen findet sich bei Lohaus, Domsch & Klein-Heßling, 2017). Nach dem transaktionalen Stressansatz scheint die Förderung von Stressbewältigungskompetenzen in diesem Zusammenhang die erfolgversprechendste Strategie zu sein. Sie trägt der Individualität des Stressverarbeitungsprozesses in angemessener Form Rechnung. Dem sozialen Umfeld kommt darüber hinaus die Aufgabe zu, Anforderungen so zu gestalten, dass Kinder herausgefordert und nicht überfordert werden.

Effektive Stressbewältigung erfordert, dass auf unterschiedliche situative Anforderungen flexibel reagiert werden kann. Daher dürfte (ähnlich wie im Erwachsenenalter) ein multimodaler Trainingsansatz das Verfahren der Wahl sein. Dementsprechend dürfte eine Verbesserung der Entspannungsfähigkeiten von Kindern allein in den meisten Fällen keine hinreichende Förderung von Bewältigungskompetenzen darstellen. Vielmehr sollte versucht werden, in Trainings die geforderte Flexibilität für unterschiedliche Situationen zu schulen. Interventionen sollten dazu sowohl die kognitive als auch die behaviorale Ebene ansprechen und sowohl instrumentelle wie auch palliative Strategien vermitteln.

Das Stresspräventionstraining für Kinder im Grundschulalter „Bleib locker" ist ein solcher mehrdimensionaler Ansatz. Ein vergleichbares Konzept zur Stressintervention wurde von Hampel und Petermann mit dem Anti-Stresstraining (Hampel & Petermann, 2017) vorgestellt, das sich mit der Zielgruppe der Sechs- bis Dreizehnjährigen jedoch an ein etwas breiteres Altersspektrum richtet. Das soziale Umfeld hat wesentlichen Einfluss auf das Stresserleben. Es ist ein Schutzfaktor, wenn es die Auswirkungen von Belastungen abfedert, und ein Risikofaktor, wenn es selbst Belastungen erzeugt oder verstärkt. Mehrdimensionalität meint daher bei Stressbewältigungstrainings für Kinder auch, mit dem Training nicht nur das Kind selbst, sondern auch seine Eltern anzusprechen.

Stressbewältigungstrainings können bei Kindern im Grundschulalter sowohl präventiv als auch interventiv eingesetzt werden. Wie die Auftretensraten körperlicher Beschwerden zeigen, kann effektive Stressbewältigung bei einer Reihe von Kindern zu einer Verbesserung des Wohlbefindens führen. Eine Förderung der Stressbewältigungskompetenzen kann dabei auch im Sinne von Sekundär- und Tertiärprävention eine Linderung der Symptome chronisch kranker Kinder unterstützen, z.B. bei atopischer Dermatitis (Hampel et al., 2002), Asthma bronchiale (Hampel, Rudolph, Stachow & Petermann, 2003) oder Kopfschmerz (Bougea, Spantideas & Chrousos, 2018). Auf der anderen Seite ist die Einübung eines neuen Umgangs mit Belastungen umso einfacher, je weniger ineffektives Verhalten bereits zur Routine oder gar zum Automatismus geworden ist. Ein Stressbewältigungstraining kann deshalb auch für solche Kinder geeignet und erfolgversprechend sein, die gegenwärtig noch nicht unter allzu hohen Stressbelastungen leiden, die jedoch in der Zukunft von einem Stressbewältigungstraining profitieren könnten.

Gerade bei präventiven Maßnahmen mit Kindern sollte bedacht werden, dass sich der Erfolg einer Maßnahme für das Kind erst in der Zukunft zeigen kann. Ein präventives Trainingsprogramm für Kinder sollte daher so konzipiert werden, dass die Teilnahme neben einem längerfristigen kompetenteren Umgang mit Belastungen zusätzlich auch einen unmittelbaren Anreiz beinhaltet. Eine spielerische Ausgestaltung von Übungen und die Berücksichtigung des Spaßfaktors bei der Durchführung sollten daher die erforderliche Teilnahmemotivation und ihre Aufrechterhaltung fördern.

Kapitel 2
Trainingskonzeption

In diesem Kapitel werden die Zielsetzung und die Grundzüge des Trainings erläutert. Eine detaillierte Beschreibung der Trainingselemente und des Programmablaufes findet sich in den Kapiteln 3 und 4.

2.1 Trainingsziele

Das vorliegende Stresspräventionstraining kann Kindern zum einen Anregungen und Hilfestellungen zu einer adäquaten Bewältigung in akuten Belastungssituationen geben. Zum anderen kann es die Kompetenz der Kinder für die Bewältigung zukünftiger Stresssituationen fördern. Daraus ergeben sich zwei Richtziele für das Training:

Richtziele des Trainings

- Die Kinder bewältigen akute Stresssituationen nach dem Training effektiver.
- Die Kinder sind auf zukünftige Stresssituationen vorbereitet.

Bevor Möglichkeiten der Stressprävention und Stressbewältigung thematisiert werden können, müssen Kinder in einem ersten Schritt verstehen, welche Faktoren das Stressgeschehen bestimmen und welche Ressourcen ihnen für die Beeinflussung des Stressgeschehens zur Verfügung stehen. Dieses Wissen über Stress fördert eine differenziertere Bewertung potenzieller Stresssituationen und kann sich daher positiv auf das aktuelle Stresserleben auswirken. In diesem Training sollen mit den Kindern Stresssituationen und die diese begleitenden Gedanken, Gefühle und Reaktionen erarbeitet werden. Trainingsleiter und Kinder sollen sich dabei auf ein gemeinsames Stresskonzept beziehen, in das sie die Inhalte des Trainings einordnen können.

In einem weiteren Schritt sollen die Kinder verschiedene Stressbewältigungsstrategien kennenlernen. Denn das Risiko, durch Stress überfordert zu werden, sinkt mit zunehmender Flexibilität in der Anwendung von Bewältigungsstrategien.

Das Wissen um eigene Ressourcen zur Stressbewältigung impliziert allerdings nicht jene Fähigkeiten, die für eine Änderung des Verhaltens in stressbezogenen Transaktionen notwendig sind. Um solche Fähigkeiten zu erwerben, werden die neuen Kenntnisse in und zwischen den Trainingssitzungen in aktives Handeln umgesetzt und ihre Anwendung wird erprobt und bewertet.

Wichtig für den Erfolg dieses Trainings ist vor allem die Schaffung einer positiven Lernatmosphäre, die die Kinder motiviert, offen über ihre eigenen Gefühle, ihre Stresserlebnisse und ihre Bewältigungsstrategien zu sprechen, und die dazu führt, dass die Kinder gern an den einzelnen Trainingssitzungen teilnehmen.

Um die Richtziele des Trainings zu erreichen, werden deshalb die folgenden Teilziele abgeleitet:

Teilziele des Trainings

- Die Kinder kennen ein anschauliches Stressmodell.
- Die Kinder nehmen ihr eigenes Stressgeschehen differenzierter wahr.
- Die Kinder verfügen nach dem Training über ein breiteres Spektrum an Stressbewältigungsstrategien.
- Die Kinder erproben und bewerten neue Stressbewältigungsstrategien.
- Die Kinder haben Spaß an der Trainingsteilnahme.

2.2 Trainingsbausteine

Aus den Teilzielen werden vier Trainingsbausteine hergeleitet, die sich am Stressmodell von Lazarus orientieren. Es soll deutlich werden, dass effektive Stressbewältigung sowohl palliative wie instrumentelle Funktionen beinhaltet und dabei auf die eigene Person und auf die Umwelt einwirkt. Zu den palliativen Strategien gehört das Wissen um die Bedeutung von Entspannung, Ruhe, Erholung und Abwechslung als Belastungsausgleich. Das Gespräch mit anderen, das Ablehnen von Verpflichtungen und die positive Selbstinstruktion sind den instrumentellen Strategien zuzuordnen.

Bausteine des Stressbewältigungstrainings

• Kennenlernen eines Stressmodells
• Wahrnehmung eigener Stressreaktionen
• Erkennen von Stresssituationen
• Einsatz von Bewältigungsstrategien:
  – Sich über eigenes Stresserleben mitteilen
  – Entspannung/Ruhepausen
  – Spielen/Spaß haben
  – Kognitive Strategien

Bei der Auswahl eines anschaulichen Stressmodells ist zu beachten, dass das transaktionale Stressmodell in seinem Umfang und in seiner Komplexität von Kindern im Grundschulalter nicht verstanden werden kann. Daher soll eine Vereinfachung dieses Modells die gemeinsame theoretische Grundlage des Trainings bilden. In Form einer Waage werden die Zusammenhänge zwischen Stresssituationen, Stressreaktionen und Bewältigungsstrategien veranschaulicht. Im Laufe des Trainings wird die Wahrnehmung von potenziellen Stresssituationen geschärft und die Kinder lernen neue Stressbewältigungsstrategien kennen. Bei der Erarbeitung von Stressbewältigungsstrategien wird auf die Erfahrung der Kinder zurückgegriffen.

Eine altersangemessene didaktische Umsetzung für die Erprobung und Bewertung von Copingstrategien bieten das Rollenspiel und verhaltensbezogene Hausaufgaben.

Durch die konkrete Umsetzung der neuen Strategien soll das Wissen über Stress und Stressbewältigung um Erfahrungen mit der Handlungsrealisation ergänzt werden. Das aktive Einüben und Bewerten von Bewältigungsstrategien während der Trainingssitzungen und zu Hause bildet deshalb einen Schwerpunkt dieses Trainings.

Die Fähigkeit, sich körperlich zu entspannen und gedanklich abzuschalten, bietet die Möglichkeit, Stress palliativ zu bewältigen. Daher sollen die Kinder im Training eine Entspannungstechnik kennenlernen und einüben. Bei der Auswahl einer für Grundschüler angemessenen Entspannungstechnik wurde eine Entscheidung zugunsten der Progressiven Muskelrelaxation (nach Jacobson, 1938) getroffen, da diese Technik auch von Kindern gut und schnell erlernt werden kann.

Die Durchführung von Entspannungstechniken bei Kindern ist allerdings nicht unproblematisch. Es ist insbesondere von Bedeutung, dass Entspannungsverfahren geringe Anforderungen an die Konzentration der Kinder stellen, dass sie den Sprachfähigkeiten der Kinder entsprechen und dass sie der Fantasietätigkeit von Kindern im Alltag entsprechen (Petermann & Petermann, 2012; Chloé, 2016). Obwohl versucht wurde, die Progressive Muskelrelaxation auf eine für Kinder attraktive Weise umzusetzen, kann es daher vorkommen, dass die Entspannung manche Teilnehmer langweilt oder überfordert, sodass eine Durchführung in den Trainingssitzungen nicht angezeigt sein kann. Um den Trainingsablauf nicht zu stark von solchen Unwägbarkeiten abhängig zu machen, ist deshalb der Entspannungsanteil in den einzelnen Sitzungen auf ein geringes Maß reduziert. Für Kinder, die die Progressive Muskelrelaxation lernen möchten, ist für das Üben zu Hause die Audio-CD „Bleib locker" (3. Auflage 2020, ISBN 978-3-8017-3099-4) erhältlich. Diese enthält die Entspannungsinstruktionen aus diesem Training.

Um die Konzentrationsfähigkeit der Kinder nicht zu überfordern, werden die Sitzungen durch Bewegungsspiele aufgelockert. Bei der Einführung dieser Auflockerungsübungen sollte der Zusammenhang mit dem Trainingskontext „Stress" deutlich werden („Was wir gerade gemacht haben, war ganz schön anstrengend. Deshalb machen wir jetzt ein Spiel, um neue Kraft zu schöpfen").

Effektive Stressbewältigung hängt allerdings nicht allein von den Kindern ab, und deshalb sollen auch die Eltern an diesem Stressbewältigungstraining für Kinder beteiligt werden. An zwei Elternabenden werden das transaktionale Stressmodell von Lazarus und die Stresswaage vorgestellt und die Wahrnehmung der Eltern für Stresssymptome und potenzielle Stresssituationen wird geschärft. Darüber hinaus lernen die Eltern die Bewältigungsmöglichkeiten, die mit den Kindern erarbeitet werden, kennen.

2.3 Rahmenbedingungen

Das Training trägt den Namen „Bleib locker". Diese Bezeichnung ist sehr einprägsam und spiegelt zugleich die positive Zielsetzung des Trainings wider. Das Arbeits- und Präsentationsmaterial sowie die Entspannungs-CD sind daher ebenfalls mit dem Titel „Bleib locker" überschrieben.

Wie bereits erwähnt wurde, kann das Training im Rahmen der individuellen verhaltensbezogenen Prävention als Kursprogramm in der Freizeit der Kinder durchgeführt werden. Es kann aber auch als Training im Schulsetting eingesetzt werden (z.B. im Rahmen des regulären Unterrichts oder im offenen Ganztag). In der Individualprävention findet vor dem Beginn des Trainings in der Regel eine Elterninformationsveranstaltung statt, um Interessenten eine Entscheidungsgrundlage für die Teilnahme ihres Kindes zu bieten. Neben dem Training für die Kinder werden in der Individualprävention zwei begleitende Elternabende (am Anfang und am Ende des Trainings) angeboten. Darin wird das Training vorgestellt (am Anfang), und es werden den Eltern mögliche weitere Unterstützungsmöglichkeiten vermittelt (am Ende des Trainings). Die Elternsitzungen dauern jeweils 90 Minuten.

Im Setting Schule wird es nicht immer möglich sein, viele Eltern für mehrere Elternabende zu gewinnen (je nach Schule, Motivation der Eltern etc.). Es sollte ihnen jedoch mindestens eine schriftliche Information über das Training und die Trainingsinhalte gegeben werden, damit sie wissen, was auf sie zukommen kann. Beispielsweise hat es sich bewährt zu erwähnen, dass die Kinder im Training ein „Bitte nicht stören"-Schild erstellen, das sie gegebenenfalls an ihre Zimmertür hängen, und dass es sinnvoll ist, wenn die Eltern dieses auch beachten. Hinsichtlich der Entspannungs-CD, die die Kinder zur Unterstützung von Übungen zwischen den Trainingssitzungen erhalten, sollten Eltern wissen, dass es keinen Zwang geben darf, diese zu hören. Das Üben sollte einzig von den Kindern und ihren Interessen abhängen.

Das Training findet im Regelfall in acht Doppelstunden (jeweils 90 Minuten) im wöchentlichen Abstand statt. Auch hier kann es in Abhängigkeit von den Realisierungsmöglichkeiten Abweichungen geben.

Zielgruppen sind Kinder, die aktuell durch Stress belastet sind oder die in Zukunft primärpräventiv von einem solchen Training profitieren können. In der Individualprävention ist das primäre Auswahlkriterium für die Teilnahme die Anmeldung der Kinder durch ihre Eltern. Die Beteiligung der Kinder an den Sitzungen und an einzelnen Übungen und Spielen ist jedoch freiwillig.

Im Rahmen der Individualprävention hat sich für das Training eine Gruppengröße von 8 bis max. 12 Kindern bewährt. Unter Umständen muss die Untergrenze auch niedriger angesetzt werden, wenn beispielsweise bekannt ist, dass Kinder mit Problemverhalten eine intensivere Betreuung durch den Trainer erfordern. Im Rahmen des Settingansatzes (bei einer Trainingsdurchführung in Schulkontexten) ist eine entsprechende Gruppengröße zu präferieren, aber ein Einsatz in ganzen Schulklassen ist ebenfalls möglich. Die Bildung kleinerer Gruppen hat den Vorteil, dass die einzelnen Kinder stärker und häufiger aktiv in das Training eingebunden werden können, sodass dadurch die Trainingseffekte verstärkt werden können. Dazu kann eine Schulklasse in zwei Gruppen geteilt und das Training entweder sukzessiv oder (wenn zwei Trainer zur Verfügung stehen) parallel in den beiden Gruppen durchgeführt werden.

Für den reibungslosen Ablauf ist eine gewisse Gruppenhomogenität bezüglich der kognitiven Entwicklung und der Symptomatik wünschenswert. Ähnliche Lernvoraussetzungen sollen dadurch gewährleistet sein, dass die Trainings für Kinder im dritten und vierten Grundschuljahr angeboten werden. Eine Ausdehnung des Altersbereiches auf das zweite und fünfte Schuljahr ist möglich, wobei Kinder des zweiten Schuljahres unter Umständen Schwierigkeiten beim Lesen des Arbeitsmaterials haben. Für Kinder des fünften Schuljahres könnten manche Trainingselemente zu „kindlich" sein. Derartige Probleme sollten bei Kursen in der Individualprävention durch ein Vorgespräch mit den Eltern geklärt werden.

2.4 Kontraindikationen

Hinsichtlich der teilnehmenden Kinder sollte angestrebt werden, dass (a) die Kinder durch die Gruppensituation nicht zu stark belastet werden und (b) die Gruppenarbeit durch einzelne Kinder nicht gestört wird. Daraus ergibt sich, dass die Teilnahme von z.B. hyperaktiven oder aggressiven, aber auch von hoch sozial ängstlichen Kindern problematisch sein könnte. Diese Einschränkungen gelten insbesondere in der Individualprävention, wenn sich die Kinder, anders als im Setting Schule, noch nicht längere Zeit kennen. Da in der Individualprävention eine Entscheidung über die Anmeldung durch die Eltern erfolgt, sollten sich diese im Vorfeld Gedanken darüber machen, ob eine Teilnahme an einem Gruppentraining sinnvoll ist.

Weiterhin kann ein Stressbewältigungstraining keine Therapie ersetzen. Daher ist das Training nicht (oder nicht ausschließlich) geeignet für Kinder, die wegen einer mit Stress in Zusammenhang stehenden psychischen oder körperlichen Erkrankung psychotherapeutische oder ärztliche Hilfe benötigen. Bei Kindern, die sich bereits in Behandlung befinden, sollte die Teilnahme an einem Training in Absprache mit den behandelnden Personen erfolgen.

Wenn Eltern (insbesondere im Rahmen der Individualprävention) diese Teilnahmevoraussetzungen vorab in einer Informationsveranstaltung erläutert werden und sich dabei herausstellt, dass aus oben genannten Gründen von einer Trainingsteilnahme abzuraten ist, sollte den Eltern nach Möglichkeit eine Alternative angeboten werden (z. B. Adressen von wohnortnahen Beratungsstellen, Fachärzten oder Psychotherapeuten).

2.5 Material

Die Trainingsdurchführung erfordert Material und Hilfsmittel, auf die im Folgenden eingegangen wird.

Präsentationsfolien

Auf der beiliegenden CD-ROM befinden sich Präsentationsfolien in Form von PDF-Dateien, die in der Elterninformationsveranstaltung und an den Elternabenden genutzt werden können (z. B. als Bestandteil einer Powerpoint-Präsentation). Diese sind in Anhang A zusätzlich nochmals als Kopiervorlage eingefügt.

Stresswaage

Das Modell einer Balkenwaage soll den Kindern die Grundidee der transaktionalen Stressauffassung veranschaulichen. Als „Stresswaage" (s. Abb. 5) stellt es das grundlegende Lernmedium des Trainings dar. Sie kann auf unterschiedliche Weise für das Training umgesetzt werden:
a) Als Zeichnung an einer Tafel oder auf einem Flipchart mit den entsprechenden Beschriftungen.
b) Aus Pappe oder Kunststoff ausgeschnitten und mit einem schwenkbaren Balken mit Waagschalen versehen angebracht an einer Tafel oder Pinnwand.

Idealerweise sollte die Stresswaage bewegliche Waagschalen haben, damit die Dynamik des Stressgeschehens für die Kinder leichter nachvollziehbar ist. Insofern ist die Variante (b) einer Zeichnung vorzuziehen.

Die verschiedenen Aspekte des Stressgeschehens (wie Stresssymptome, Stresssituationen und Stressbewältigungsstrategien), die im Laufe des Trainings erarbeitet werden, werden auf Karteikarten notiert und mit Klebeband bzw. Nadeln an die entsprechenden Stellen zur Stresswaage geheftet.

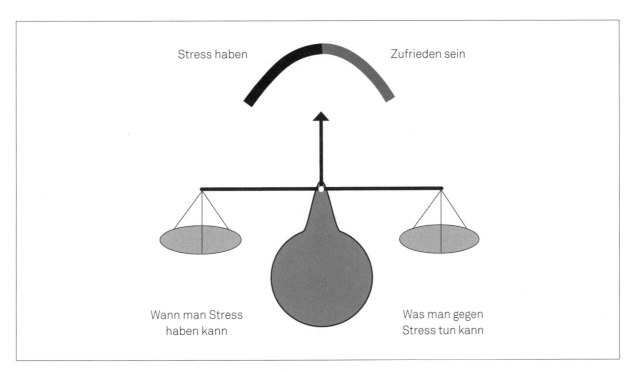

Abbildung 5: Darstellung der Stresswaage (Dirks, Klein-Heßling & Lohaus, 1994)

Arbeitshefte für die Kinder

Jedes Kind erhält ein Heft mit den Arbeitsblättern zu Übungen der einzelnen Trainingssitzungen. Hierzu können die einzelnen Arbeitsblätter, die im Rahmen des Trainings zum Einsatz kommen sollen, beispielsweise mithilfe von Heftstreifen zusammengefügt werden. Die Hefte bleiben während des Trainings beim Trainingsleiter und werden in den Sitzungen zum Bearbeiten ausgeteilt. Sie werden den Kindern am Trainingsende ausgehändigt. Die Arbeitsblätter sind im Anhang C abgedruckt und befinden sich ebenfalls als PDF-Dateien auf der CD-ROM.

Namensschilder

Damit sich Trainingsleiter und Kinder mit dem Vornamen ansprechen können, sollten alle ein beschriftetes Namensschildchen tragen. Alternativ kann auch ein beschriftetes Kreppband auf die Kleidung geklebt werden.

Spielgerät

Es sollte Spielgerät (wie Softbälle, Luftballons usw.) für Auflockerungsübungen zur Verfügung stehen und zur Beschäftigung für diejenigen Kinder, die schon vor dem offiziellen Beginn im Trainingsraum eintreffen oder nach Beendigung der Sitzung warten müssen, bis sie abgeholt werden (insbesondere bei Trainingskursen im Kontext der Individualprävention).

Entspannungs-CD

Ist vom Trainingsleiter intendiert, dass die Kinder (oder einzelne Kinder) regelmäßig zu Hause Entspannung üben, empfiehlt sich die Bereitstellung der Instruktionen zur Progressiven Muskelrelaxation auf einem Audiomedium. Ergänzend zu diesem Trainingsmanual ist eine Entspannungs-CD mit den Instruktionen aus dem vorliegenden Trainingsmanual erhältlich („Bleib locker", 3. Auflage 2020, ISBN 978-3-8017-3099-4).

2.6   Das Training im Überblick

Die Tabelle 1 gibt einen Überblick über alle Einheiten des Trainings. Dem eigentlichen Training mit den Kindern (s. Kapitel 4) geht eine Elterninformationsveranstaltung voraus (s. Kapitel 3.1). Zwei Elternabende finden begleitend zu dem Training für die Kinder statt (s. Kapitel 3.1 und 3.2). Für jede Einheit werden die Bausteine (s. Kapitel 2.2) und Inhalte aufgeführt.

Tabelle 1: Bausteine und Inhalte der einzelnen Sitzungen des Trainings

Einheit	Bausteine der Sitzung	Inhalte der Sitzung
Elterninformations-veranstaltung	–	• Hintergründe zum Training • Einflussmöglichkeiten von Eltern • Vorstellung des Trainings • Offene Fragen • Möglichkeit zur Anmeldung
Erste Doppelstunde	• Kennenlernen • Stressmodell „Stresswaage" • Ruhepausen • Positive Selbstinstruktion	• Kennenlernspiel: „Wollknäuel" • Aufstellen von Regeln • Brainstorming „Stress" • Vorstellung „Stresswaage" • Kennenlernen der Progressiven Muskelrelaxation (PMR) • „Ich bin stolz"-Rundblitz
Erster Elternabend	• Kennenlernen • Stressmodell „Stresswaage"	• Vorstellungsrunde • Stress: „Was ist das eigentlich?" • Erläuterung der Stresswaage • Vorstellung der Trainingsinhalte

Tabelle 1: Fortsetzung

Einheit	Bausteine der Sitzung	Inhalte der Sitzung
Zweite Doppel-stunde	• Eigene Stressreaktionen • Ruhepausen • Auflockerung	• Gefühle raten • Stressreaktionen zeichnen • Auswertung PMR-Hausaufgabe • „Indianerschrei" • „Dirigent"
Dritte Doppelstunde	• Stresssituationen • Ruhepausen • Auflockerung	• Steckbrief „Stress" • Auswertung PMR-Hausaufgabe • „Sprung in die Wachheit" • Hausaufgabe: „Indianerschrei" und „Sprung in die Wachheit" • „Regentanz"
Vierte Doppelstunde	• Bewältigungsstrategien • Sich über Stress mitteilen • Positive Selbstinstruktion • Ruhepausen	• „Was ich bei Stress alles tun kann"-Liste • Einstieg in Rollenspiele: „Genießertüte" • Rollenspiele: „Schlechte Arbeit zurückbekommen" • „Ich bin stolz"-Rundblitz • PMR „Kurzform" • Auswertung Hausaufgabe „Indianerschrei" und „Sprung in die Wachheit"
Fünfte Doppel-stunde	• Sich über Stress mitteilen • Ruhepausen • Auflockerung	• Rollenspiele: „Geärgert werden" • Fallgeschichte: „Harald Hetzig" • „Bitte nicht stören"-Schilder erstellen • Hausaufgabe: Schilder aufhängen • „Clown" und „Zusammen aufstehen"
Sechste Doppel-stunde	• Ruhepausen • Spielen/Spaß haben als Bewältigungsstrategie • Auflockerung	• Auswertung Hausaufgabe: „Bitte nicht stören"-Schilder aufhängen • „Sprung in die Wachheit" • Fallgeschichte „Petra Plan" • Erstellen eines individuellen Stundenplanes • „Was mir alles Spaß macht"-Liste • „Waschstraße"
Siebte Doppel-stunde	• Positive Selbstinstruktion • Ruhepausen • Auflockerung	• Stressinduzierende Gedanken: Comic 1 und Arbeitsblatt „Was ich denke, wenn ich Stress habe" • Entlastende Gedanken: Comic 2 und Arbeitsblatt „Was ich gegen Stress alles denken kann" • „Ich bin stolz"-Rundblitz • PMR „Blitzentspannung" • „Zublinzeln"
Achte Doppelstunde	• Rückblick • Ruhepausen • Auflockerung	• Brainstorming: „Bleib locker ..." • „Stressquiz" • „Abschlussinterviews" • „Sprung in die Wachheit" • „Reise nach Jerusalem"
Zweiter Elternabend	• Rückblick • Stressbewältigungsstrategien: – Sich über Stress mitteilen – Ruhepausen – Spielen/Spaß haben – Positive Selbstinstruktion	• Rückblick und Erfahrungsaustausch • Vorstellen der Bewältigungsbausteine • Sammeln von Situationen • Diskussion: Unterstützungsmöglichkeiten • Rückmeldung und offene Fragen

Kapitel 3
Veranstaltungen für Eltern

Vor Beginn des Kindertrainings sollte eine Veranstaltung angeboten werden, in der sich Eltern bzw. andere Erziehungsberechtigte über Zielsetzung, Trainingsgestaltung sowie Indikations- und Kontraindikationskriterien des Stressbewältigungstrainings informieren können. Im Anschluss können Interessenten ihre Kinder zu dem Training anmelden. Das Stressbewältigungstraining für Kinder wird darüber hinaus von zwei Elternabenden begleitet, einem Elternabend zu Beginn und einem Elternabend am Ende des Trainings. Da Eltern einen entscheidenden Einfluss auf das Stresserleben ihrer Kinder haben, werden dort Möglichkeiten vorgestellt und diskutiert, wie sie zu einer Verringerung der Stressbelastung ihrer Kinder beitragen können. Im Setting Schule hängt es von den organisatorischen Rahmenbedingungen ab, ob eine Elterninformationsveranstaltung und begleitende Elternabende stattfinden können.

3.1 Elterninformations-veranstaltung

Material
Präsentationsfolien für Elternabende

Da die Entscheidung über die Teilnahme an einem Stressbewältigungstraining für Kinder im Grundschulalter zunächst einmal von den Eltern bzw. den Erziehungsberechtigten getroffen werden dürfte, geht dem Training eine Informationsveranstaltung für Eltern voraus. Ziel ist es, Eltern ausreichende Informationen zu geben, damit sie über eine Teilnahme ihres Kindes entscheiden und ihre Kinder auf das Training vorbereiten können. Die Präsentationsfolien für Elternabende (s. Anhang A und CD-ROM) können hierbei unterstützend verwendet werden.

Ablauf
• Einleitung • „Bleib locker": Programm und Programmziele • Trainingsbausteine und Übungen • Hintergründe und Evaluationsergebnisse • Einflussmöglichkeiten von Eltern • Offene Fragen und Möglichkeit zur Anmeldung

Einleitung

Der Trainingsleiter begrüßt die Eltern und stellt sich vor. Dann gibt er einen Überblick über den geplanten Ablauf der Informationsveranstaltung.

„Bleib locker": Programm und Programmziele

Die Trainingsziele (s. Folie 1) und Zielgruppe (s. Folie 2), die Trainingsinhalte und organisatorische Details (Gruppengröße, Dauer des Trainings, Zeiten und Raum der Trainingsdurchführung) werden vorgestellt. Es wird insbesondere verdeutlicht, dass das Training vorrangig präventiv ausgerichtet ist und dass es keine Therapie ersetzen kann.

Trainingsbausteine und Übungen

Die wichtigsten Trainingsbausteine und Übungen werden vorgestellt (s. Folie 3). Dabei können einzelne Übungen mit den Eltern durchgeführt werden, um ihnen einen konkreten Eindruck zu dem Training zu vermitteln.

Hintergründe und Evaluationsergebnisse

Der Trainingsleiter stellt die Problemlage zu Stress bei Kindern dar und veranschaulicht sie anhand typischer Stresssituationen, Stresssymptome (s. Folie 4) und Stressbewältigungsstrategien von Kindern. Wichtig ist, dabei die Subjektivität und individuelle Unterschiedlichkeit des Stresserlebens von Kindern zu betonen. Eine Basis dazu liefern in vereinfachter, dem Laien verständlicher Sprache die Informationen aus dem ersten Kapitel dieses Manuals. Aus der Vorstellung der Problemlage sollte die Notwendigkeit frühzeitiger Stressprävention deutlich werden. Im Anschluss werden die wichtigsten Ergebnisse der Trainingsevaluation präsentiert (s. Folie 5).

Einflussmöglichkeiten von Eltern

Bereits in der Informationsveranstaltung sollten Anregungen gegeben werden, wie Eltern zu einer Verringerung der Stressbelastung ihrer Kinder beitragen können (s. Folie 6). Dadurch wird auch deutlich, dass das Ziel dieses Trainings nicht darin besteht, ausschließlich Kinder für ihr Stresserleben und ihre Stressbewältigung verantwortlich zu machen, sondern dass auch das soziale Umfeld großen Einfluss hat. Zum anderen werden vielleicht nicht alle Eltern an den folgenden Elternabenden teilnehmen (z. B. aus Termingründen oder weil die Kinder nicht zur Zielgruppe des Gruppentrainings gehören). Auch ihnen sollten einige Anregungen gegeben werden.

Offene Fragen

Es sollte genügend Zeit zur Klärung offener Fragen eingeplant werden. Darüber hinaus wäre es wünschenswert, wenn Eltern im Anschluss an die Informationsveranstaltung die Möglichkeit haben, Fragen in einem persönlichen Gespräch mit dem Trainingsleiter zu klären.

Möglichkeit zur Anmeldung

Die Eltern sollten am Ende der Veranstaltung genügend Informationen haben, um über die Teilnahme ihres Kindes an dem Training entscheiden zu können. Die Anmeldung sollte aber auch später erfolgen können, damit sich Eltern zuvor mit ihrem Kind besprechen können.

Im Setting Schule ist gegebenenfalls eine schriftliche Information der Eltern vorzusehen mit der Möglichkeit einer schriftlichen Teilnahmeerklärung bzw. -erlaubnis, wenn es keine vorausgehende Elterninformationsveranstaltung gibt.

3.2 Erster Elternabend

Schwerpunkte des ersten Elternabends sind das gegenseitige Kennenlernen und eine Einführung in das Thema Stress. Neben den beschriebenen Sitzungsinhalten sollte den Eltern möglichst viel Raum zum Erfahrungsaustausch gegeben werden. Darüber hinaus sollte genügend Zeit sein, um mögliche Probleme bei den Kindersitzungen zu besprechen.

Begrüßung der Eltern und Kennenlernen

Ziele
• Eltern und Trainingsleiter lernen sich kennen • Der Trainingsleiter erfährt die Teilnahmemotive der Eltern
Dauer
30 Minuten
Material
Keines

Nach der Begrüßung wird eine Vorstellungsrunde durchgeführt. Dabei nennen die Eltern auch den Grund für die Teilnahme an dem Stressbewältigungstraining und können Erwartungen und Befürchtungen schildern, die sie mit diesem Training verbinden.

Stress: „Was ist das eigentlich?"

Ziele
Die Eltern kennen die Grundideen des transaktionalen Stressansatzes
Dauer
20 Minuten
Material
Keines

Den Eltern werden die Grundideen des transaktionalen Stressansatzes vorgestellt. Dazu wird zunächst ein Brainstorming durchgeführt. Die Eltern nennen alles, was ihnen zu dem Begriff „Stress" einfällt. Danach differenziert der Trainingsleiter zwischen:

a) Stressauslösern = all die Situationen, in deren Folge Stress erlebt wird (z.B. eine Klassenarbeit schreiben zu müssen) und

b) Stressreaktionen = Gefühle und Verhaltensweisen, die bei Stress auftreten (z.B. Angst, Nervosität).

An einem Beispiel (wie „Ankündigung einer Klassenarbeit") wird verdeutlicht, dass verschiedene Kinder auf die gleiche Stresssituation unterschiedlich reagieren und daher nicht nur die Anforderungssituation für Stresserleben verantwortlich ist. Aus diesen Überlegungen heraus wird die Bedeutung der Bewertung einer Situation und die Rolle der Stressbewältigungsstrategien in der Stressverarbeitung erläutert und an Beispielen veranschaulicht.

An die Grundideen des transaktionalen Stressansatzes anknüpfend werden die Trainingsziele vorgestellt, wobei auf die von den Eltern geäußerten Erwartungen und Befürchtungen Bezug genommen wird.

Erläuterung der „Stresswaage"

Ziele
Die Eltern kennen das Stressmodell des Kindertrainings
Dauer
30 Minuten
Material
Stresswaage, Karteikarten

Den Eltern wird das Stressmodell des Kindertrainings (s. Kapitel 4.1) vorgestellt. Zur Veranschaulichung sammeln die Eltern in Kleingruppen Stresssituationen, Stressbewältigungsstrategien und Stressreaktionen (von Kindern und Erwachsenen), notieren diese auf Karten und heften sie an die entsprechende Stelle der Stresswaage.

Vorstellung der Inhalte des Kindertrainings

Ziele
Die Eltern kennen die Inhalte des Kindertrainings
Dauer
10 Minuten
Material
Folie 3

Den Eltern werden anhand von Folie 3 die Inhalte der Doppelstunden des Kindertrainings und ihre zeitliche Abfolge vorgestellt. Dabei wird insbesondere die Progressive Muskelrelaxation besprochen.

Sollte es zeitlich möglich sein, wird eine gemeinsame Entspannungsübung durchgeführt (siehe hierzu die Entspannungsinstruktion der ersten Doppelstunde des Kindertrainings). Es werden Möglichkeiten diskutiert, wie die Eltern ihre Kinder zum Üben motivieren können. Es sollte allerdings deutlich werden, dass es immer Kinder gibt, denen die Entspannung nicht gefällt. Auf diese Kinder sollte kein Druck ausgeübt werden, die Progressive Muskelentspannung zu üben.

3.3   Zweiter Elternabend

Der zweite Elternabend beginnt mit einem Rückblick auf die vergangenen Wochen. Schwerpunkt dieses Elternabends ist das Besprechen von Unterstützungsmöglichkeiten bei der Erprobung der Stressbewältigungsstrategien im Alltag. Es sollte darüber hinaus genügend Zeit für Rückmeldungen zum Training vorgesehen werden.

Rückblick und Erfahrungsaustausch

Ziele
Die Eltern haben Gelegenheit zum Erfahrungsaustausch
Dauer
20 Minuten
Material
Keines

Die Themen des letzten Elternabends werden kurz zusammengefasst und es werden Beobachtungen gesammelt, die die Eltern in den letzten Wochen bei ihren Kindern oder bei sich selbst gemacht haben. Es ist beispielsweise möglich, dass Eltern nach den Informationen des ersten Elternabends Zusammenhänge zwischen bestimmten Situationen und Reaktionen der Kinder identifiziert haben, aus denen sich Hinweise für konkrete Problemlösungen ergeben. Auch ist es möglich, dass Eltern über ihr eigenes Stresserleben und Stressbewältigungsverhalten nachgedacht haben und darüber sprechen möchten.

Einsatz von Bewältigungsstrategien

Ziele
• Die Eltern kennen die vier Bewältigungsschwerpunkte des Trainings
• Die Eltern kennen Situationen, in denen der Einsatz dieser Strategien hilfreich sein kann
• Die Eltern kennen Möglichkeiten, ihre Kinder beim Einsatz dieser Strategien zu unterstützten
Dauer
40 Minuten
Material
Keines

Den Eltern werden die Strategieschwerpunkte „Sich über eigenes Stresserleben mitteilen", „Ruhepausen", „Spielen/Spaß haben" und „Positive Selbstinstruktion" mit den entsprechenden Trainingsinhalten kurz erläutert. Einzelne Trainingselemente (wie z.B. die Atemübungen, die Progressive Muskelrelaxation oder der „Ich bin stolz"-Rundblitz) können dabei gemeinsam mit den Eltern durchgeführt werden. Zu den einzelnen Strategien sollen jeweils die folgenden Fragen beantwortet werden:
- Welche Beobachtungen haben die Eltern bisher zum Einsatz dieser Strategie machen können?
- In welchen Belastungssituationen könnte der Einsatz dieser Strategie sinnvoll sein?
- Welche Möglichkeiten haben Eltern, ihre Kinder beim Einsatz dieser Strategie zu unterstützen?

Zum Einsatz von Bewältigungsstrategien soll deutlich werden, dass die Strategien von den Kindern in ganz unterschiedlicher Weise genutzt oder einzelne Strategien von manchen Kindern auch abgelehnt werden. Keinesfalls sollten Kinder von Ihren Eltern gedrängt werden, bestimmte Strategien einzuüben.

Rückmeldung und offene Fragen

Ziele
• Die Eltern erhalten und geben Rückmeldungen zum Stressbewältigungstraining
• Offene Fragen werden geklärt
Dauer
30 Minuten
Material
Keines

Den Eltern wird ein Rückblick über das Training gegeben, und sie erhalten vom Trainingsleiter eine Rückmeldung zum Trainingsgeschehen. Danach können die Eltern bewerten, inwieweit sich ihre Erwartungen erfüllt haben und in welchen Bereichen sie weiteren Handlungsbedarf sehen. Den Eltern sollten (soweit erforderlich) weitere Hilfsangebote und Unterstützungsmöglichkeiten gegeben werden (z.B. Hinweise auf örtliche Beratungsstellen oder auf Stressbewältigungskurse für Erwachsene). Auch auf Elternratgeber, die sich mit der Stressbewältigung im Kindesalter befassen, kann in diesem Zusammenhang hingewiesen werden (z.B. Domsch, Lohaus & Fridrici, 2016).

Kapitel 4
Sitzungen des Kindertrainings

In diesem Kapitel werden die acht Doppelstunden des Kindertrainings mit den einzelnen Trainingselementen beschrieben.

Bei der Gestaltung der Doppelstunden ist darauf zu achten, dass das Stressbewältigungstraining von den Kindern nicht als zusätzlicher Unterricht erlebt wird. Die Doppelstunden sollten den Kindern Spaß machen, und sie sollten sich in der Gruppe wohlfühlen. Daher werden die Trainingselemente zum Thema Stress immer durch Spiele ergänzt. Neben den hier aufgeführten Spielen finden sich im Anschluss an die Darstellung der Trainingssitzungen weitere Spiele. Der Trainingsleiter und die Kinder können natürlich auch andere Spiele einbringen.

Die Spiele und Übungen sollten nach der aktuellen Befindlichkeit der Gruppe ausgewählt werden, damit ein ausgewogenes Verhältnis zwischen Phasen der Konzentration, Entspannung, Bewegung und Auflockerung entsteht. Daher ist die Reihenfolge der Trainingselemente, so wie sie im Folgenden aufgeführt sind, nur ein Gestaltungsvorschlag und nicht obligatorisch.

Der angegebene Zeitbedarf dürfte in den einzelnen Trainings von der Motivations- und Interessenlage der Kinder abhängen. Daher werden im Anschluss einige Zusatzübungen vorgestellt, die eingesetzt werden können, wenn mit dem vorgeschlagenen Sitzungsplan keine 90 Minuten ausgefüllt werden. Zu diesem Zweck können auch andere Spiele eingesetzt werden und Auflockerungsübungen wiederholt werden, die die Kinder bereits aus vorangegangenen Sitzungen kennen.

Auch die Häufigkeit der Durchführung von Entspannungsübungen dürfte in Abhängigkeit von der Zusammensetzung der Kindergruppe variieren. In der Praxis hat sich gezeigt, dass das Interesse an Entspannungsübungen in den Kindergruppen sehr unterschiedlich sein kann. Daher ist es dem Trainings-leiter überlassen, bei Bedarf häufiger oder seltener Entspannungsübungen zu instruieren.

Neben einer Beschreibung findet sich zu den einzelnen Trainingselementen als Hilfe jeweils eine exemplarische Instruktion (grau hinterlegt).

Umgang mit schwierigen Situationen

In Kindergruppen muss damit gerechnet werden, dass der vorgesehene Trainingsablauf durch Unruhe oder störende bzw. sich streitende Kinder beeinträchtigt wird. Dies gilt sowohl für die Individualprävention, wenn sich die Kinder noch nicht kennen, als auch für das Setting Schule.

Um allzu große Unruhe während der Sitzungen zu vermeiden, sollten die Phasen der Konzentration daher nicht zu lange dauern und rechtzeitig durch Auflockerungsspiele unterbrochen werden.

Es hat sich darüber hinaus bewährt, zu Beginn des Trainings mit den Kindern einige Verhaltensregeln zu vereinbaren, auf die sich der Trainingsleiter oder die Kinder bei Problemen oder Konflikten beziehen können. Auch entspricht es der Zielsetzung dieses Trainings, wenn der Trainingsleiter eigenes Stresserleben (z. B. wegen starker Unruhe in der Gruppe oder Handgreiflichkeiten unter den Kindern) thematisiert. Von der Möglichkeit, einzelne Kinder von der Gruppe auszuschließen, sollte erst zu allerletzt Gebrauch gemacht werden.

Weitere Probleme könnten sich ergeben, wenn Kinder noch keine ausreichenden Lese- oder Schreibkompetenzen haben, um Aufgabenblätter selbstständig zu bearbeiten. Der Trainingsleiter sollte dies aufmerksam beobachten und gegebenenfalls die Texte von Arbeitsblättern selbst vorlesen oder Arbeitsblätter für einzelne Kinder in Interviewform bearbeiten und die Antworten selbst eintragen.

4.1 Erste Doppelstunde

Die Schwerpunkte der ersten Doppelstunde sind das gegenseitige Kennenlernen und die Schaffung einer vertrauensvollen Atmosphäre. Dabei findet eine erste Einführung in das Thema Stress statt. Weitere Inhalte bilden die Einführung in die Progressive Muskelrelaxation und die Positive Selbstinstruktion als neue Stressbewältigungsstrategien.

Begrüßung der Kinder

Dauer
5 Minuten

„Wir werden uns insgesamt achtmal treffen, um gemeinsam etwas gegen Stress zu machen. Dabei wollen wir herausfinden, was Stress ist, und was man tun kann, um sich wieder wohl zu fühlen. Dazu habe ich Spiele und Übungen vorbereitet. Da wir uns noch nicht kennen, fangen wir mit einem Kennenlernspiel an."

Das Wollknäuel

Ziele
Die Kinder und der Trainingsleiter lernen sich kennen
Dauer
15 Minuten
Material
1 Wollknäuel, Namensschildchen (z.B. beschriftetes Kreppband)

Die Gruppe sitzt in einem Stuhlkreis. Der Trainingsleiter hält ein Wollknäuel in der Hand und beginnt, etwas von sich zu erzählen (z.B. Name und Hobby). Dann wirft er das Knäuel einem Kind zu, das sich ebenfalls vorstellt, wobei der Trainingsleiter ein Ende des Knäuels festhält. So geht es eine Zeit lang weiter, bis ein Wollnetz zwischen den Teilnehmern gesponnen ist. Danach wird umgekehrt vorgegangen, um das Geflecht wieder zu entflechten. Das jeweils letzte Kind wirft das Knäuel an das vorletzte zurück, wobei es dessen Namen nennt und erzählt, was es von ihm behalten hat.

„Ich habe hier ein Wollknäuel in der Hand und das wird uns dabei helfen, dass wir uns besser kennenlernen. Ich halte ein Ende fest in der Hand und werfe das Knäuel gleich einem Kind zu, das dann sagt, wie es heißt und welches Hobby es hat. Wenn es das gesagt hat, hält es ein Stück vom Wollfaden fest und wirft das Knäuel einem anderen Kind zu, das dann auch etwas von sich erzählt. Ich fange jetzt an: Ich bin ..."

Wenn jedes Kind einmal (oder mehrmals) an der Reihe war:

„Wir haben jetzt schon ein richtiges Netz gesponnen. Jetzt versuchen wir, das Netz wieder zu entflechten: Jeder wirft das Wollknäuel wieder seinem Vorgänger zu, wobei er dessen Namen nennt und versucht, sich an möglichst viel von dem zu erinnern, was der Vorgänger gesagt hat."

Im Anschluss Austeilen der Namensschilder:

„Damit wir uns immer beim Namen ansprechen können, habe ich Namensschildchen mitgebracht, die wir uns jetzt anheften können."

Brainstorming „Stress"

Ziele
Reflektieren des Wissens über Stress
Dauer
10 Minuten
Material
Karteikarten

Den Kindern werden zunächst die Regeln des Brainstormings, hier „Gedankensturm" genannt, erklärt: Die Kinder nennen alles, was ihnen zu dem Wort „Stress" einfällt. Dabei darf jedes Kind das sagen, woran es dabei gerade denkt. Die Wortmeldungen werden nicht kommentiert. Alle Wortmeldungen werden auf Karten notiert.

„In den nächsten Wochen treffen wir uns, um uns mit Stress zu beschäftigen. Wir werden herausfinden, wann wir Stress haben können und wie wir merken, ob wir Stress haben. Außerdem werdet ihr lernen, was ihr tun könnt, um weniger Stress zu haben, sodass ihr euch wohler fühlt. Dazu muss man zunächst einmal wissen, was Stress überhaupt ist. Wir machen jetzt einen ‚Gedankensturm‘ zu dem Wort Stress. Jeder darf das sagen, was ihm bei dem Wort Stress alles in den Kopf kommt. Ich schreibe das dann auf eine Karte. Wer möchte anfangen?"

Vereinbarung von „Trainingsregeln"

Ziele
Es werden Verhaltensregeln vereinbart, die eine für alle angenehme Atmosphäre begünstigen und auf die sich der Trainingsleiter und die Kinder bei Bedarf berufen können
Dauer
10 Minuten
Material
Papierbogen

Zusammen mit den Kindern werden Regeln gesammelt und notiert, die ein „friedliches Miteinander" gewährleisten. Die Regeln sollten, soweit möglich, positiv formuliert werden. Sie werden auf einem Papierbogen/Poster festgehalten und für alle sichtbar aufgehängt.

„Wenn so viele Kinder und Erwachsene – wie wir hier – zusammen sind, gibt es manchmal Probleme: Es gibt Streit oder alle reden durcheinander. Deshalb brauchen wir einige Regeln, die wir abmachen und an die wir uns dann halten. Wer kennt eine Regel, die für uns wichtig sein kann?"

Regeln auf Papierbogen notieren und an eine Wand hängen.

Vorstellung der Stresswaage

Ziele
• Die Kinder kennen ein anschauliches Modell, in das sie die verschiedenen Parameter des Stressgeschehens einordnen können
• Trainingsleiter und Kinder verfügen über ein gemeinsames Stressmodell

Dauer
15 Minuten
Material
Stresswaage, Karteikarten aus dem Brainstorming, Arbeitshefte

Um die Prozesse des Stressgeschehens für Grundschüler angemessen zu veranschaulichen, wird das Modell einer Waage (s. auch Abb. 5, S. 21) verwendet. In das Modell werden im Laufe des Trainings Situationen, die von den Kindern als bedrohlich oder schädlich wahrgenommen werden, sowie Strategien und Ressourcen für die Bewältigung von Stresssituationen eingeordnet.

Durch die Bewegung eines Zeigers lassen sich Stressreaktionen und ein ausgewogener, „stressfreier" Zustand abbilden. Der Zeiger der Waage deutet auf mögliche Empfindungen von „Zufrieden sein" und „Stress haben". Der dritte Zustand, den man als „Unterforderung" bzw. Langeweile bezeichnen könnte, wird aus Gründen der Vereinfachung ausgespart. Natürlich stellt auch Unterforderung u. U. eine neue Belastung dar, die als Stress erlebt werden kann.

„Euch sind ja schon viele Dinge eingefallen, die etwas mit Stress zu tun haben. Um all das und das, was wir in den nächsten Wochen machen, zu sammeln, benutzen wir die ‚Stresswaage‘. All das, was mit Stress zu tun hat, hängt nämlich so zusammen wie bei einer Waage: Es gibt bestimmte Erlebnisse oder Ereignisse, bei denen manche Menschen Stress haben. Dafür ist die linke Waagschale da."

Die linke Waagschale zeigen!

„Auf der anderen Seite gibt es Dinge, die wir machen können, um weniger Stress zu haben. Dafür ist die rechte Waagschale da."

Die rechte Waagschale zeigen!

„Habt ihr ein Erlebnis, bei dem ihr euch nicht wohlfühlt, und ihr wisst nicht, was ihr dagegen machen könnt, oder das, was ihr macht, reicht nicht aus, um euch wieder wohler zu fühlen, dann hängt die linke Waagschale herunter.

Vorhin habe ich schon eine ganze Menge Dinge, die euch im ‚Gedankensturm‘ zu Stress eingefallen sind, auf diese Karteikarten geschrieben. Jeder von euch erhält jetzt einige Karten."

Karteikarten verteilen!

> „Schaut euch die Karten an und überlegt, auf welchen Karten etwas steht, weshalb Kinder Stress haben können, welche Karten davon also in die linke Waagschale gehören.
>
> Wer hat Karten gefunden, die in die linke Waagschale passen?"

Wenn ein Kind einen Vorschlag macht und es keinen Widerspruch aus der Runde gibt, kann das Kind die Karte dort anheften. Wenn nicht alle damit einverstanden sind, wird die Karte zurückgelegt. Anschließend:

> „In die rechte Waagschale kommen all die Dinge hinein, die man tun kann, um sich bei Stress wieder wohler zu fühlen. Machen wir erfolgreich etwas gegen Stress, dann sind die Waagschalen im ‚Gleichgewicht', die beiden Waagschalen hängen nebeneinander. Nun schaut bitte nach, welche Karten aus dem ‚Gedankensturm' dort in die rechte Waagschale passen.
>
> Wer hat Karten gefunden, die in die rechte Waagschale passen?"

Wenn es zu einem Vorschlag keinen Widerspruch gibt, kann das Kind die Karte dort anheften. Wenn nicht alle damit einverstanden sind, wird die Karte zurückgelegt.

> „Diese Waage kann man natürlich normalerweise nicht sehen. Damit wir wissen, wie die Waagschalen im Augenblick gerade hängen, ist an der Waage ein Zeiger: Hängt die linke Schale herunter, dann fühlen wir uns nicht gut, der Zeiger steht auf ‚Stress'. Wir wollen in Zukunft immer dann von Stress sprechen, wenn wir uns unwohl fühlen, aber nicht wissen, was man dagegen machen soll, oder wenn wir zwar etwas dagegen unternehmen, aber uns trotzdem nicht besser fühlen. Wenn die beiden Waagschalen nebeneinander hängen, dann steht der Zeiger auf ‚Zufrieden sein'.
>
> Nun schaut bitte nach, auf welchen Karten aus dem ‚Gedankensturm' Dinge stehen, an denen wir merken können, dass wir Stress haben oder dass wir zufrieden sind.
>
> Wer hat Karten gefunden, an denen wir merken können, dass wir Stress haben oder zufrieden sind?"

Wenn es keinen Widerspruch aus der Runde gibt, kann das Kind die Karte an die passende Stelle der Stresswaage heften. Wenn nicht alle damit einverstanden sind, wird die Karte zurückgelegt.

> „In den nächsten Wochen werden wir herausfinden, welche Erlebnisse das sein können, die die linke Waagschale so weit nach unten hängen lassen, dass man Stress hat. Wir wollen dann zu diesen Erlebnissen die geeigneten Dinge für die rechte Waagschale finden, die die Waage wieder ins Gleichgewicht bringen, sodass wir uns wieder wohler fühlen und zufrieden sind. Dazu habe ich für jeden von euch Geschichten und Comics und andere Dinge, die wir in den nächsten Wochen machen."

Austeilen der Arbeitshefte mit den ausgedruckten oder kopierten Arbeitsmaterialien.

Einführung in die Progressive Muskelrelaxation

Ziele
Die Kinder lernen die Progressive Muskelrelaxation kennen
Dauer
20 Minuten
Material
Teppichboden oder Matten

Das Prinzip der Progressiven Muskelrelaxation beruht darauf, dass einzelne Muskelgruppen zunächst angespannt und dann wieder entspannt werden, und so ein Gefühl für den Zustand der Entspannung entwickelt wird.

In dieser ersten Übung zum Kennenlernen der Progressiven Muskelrelaxation (nach Koeppen, 1974), wird das Anspannen und Entspannen einzelner Muskelgruppen in kleine Geschichten gekleidet. Dadurch können gezielt bestimmte Muskeln ohne komplizierte Erklärungen angesprochen werden.

Diese Übung wird im Liegen durchgeführt. Der Trainingsleiter liest die folgende Instruktion (wie auch die anderen Instruktionen zur Progressiven Muskelrelaxation) vor. Er sollte darauf achten, dass die Übung von allen Kindern mitgemacht wird. Fällt einem Kind eine längere Konzentration auf diese Übung schwer, sollte sich der Trainingsleiter neben dieses Kind setzen und ihm gegebenenfalls eine Hand auf die Schulter legen.

„Wir werden heute und in den nächsten Stunden eine ganz besondere Übung ausprobieren. Man kann sie machen, um sich wohler zu fühlen. Man nennt sie auch ‚Entspannungsübung‘.

Mit dieser Übung könnt ihr lernen, euch zu entspannen, wenn ihr euch nervös und gestresst fühlt. Diese Übung ist sehr trickreich, denn ihr könnt sie nach einer Weile auch machen, wenn andere dabei sind, ohne dass die das merken.

Damit diese Übung aber richtig funktionieren kann, gibt es einige Regeln:

Erstens müsst ihr genau das machen, was ich euch sage, auch wenn sich etwas im ersten Moment vielleicht etwas komisch anhört. Und zweitens müsst ihr eure Aufmerksamkeit auf euren Körper lenken. Achtet während der Übung darauf, wie sich eure Muskeln anfühlen, wenn sie angespannt sind und wie sich eure Muskeln dann anfühlen, wenn sie entspannt sind.“

Wenn die Kinder eine Übungs-CD erhalten:

„Drittens solltet ihr regelmäßig (z. B. einmal am Tag) üben. Je mehr ihr übt, desto entspannter könnt ihr werden. Damit das mehr Spaß macht, gebe ich euch heute eine CD, mit der ihr zu Hause üben könnt.“

„Aber jetzt werden wir zunächst die ‚Entspannungsübung‘ zusammen machen. Legt euch möglichst bequem auf den Boden. Lasst eure Hände ganz locker neben den Beinen liegen. Und jetzt schließt eure Augen und öffnet sie erst, wenn ich es euch sage. Wenn ihr eure Augen nicht länger geschlossen halten könnt, schaut einfach an die Decke. Denkt daran, genau das zu machen, was ich euch sage, und genau darauf zu achten, was euer Körper dabei macht.

So, und jetzt geht es los: Mach als Erstes deine rechte Hand zu einer Faust. Stell dir vor, du hast eine dicke, gelbe Zitrone in deiner rechten Hand. Drück sie ganz fest zusammen: versuch, den ganzen Saft der Zitrone herauszuquetschen. Achte auf die Anspannung in deiner Hand und in deinem Arm. Und nun lass die Zitrone einfach fallen. Achte darauf, wie sich die Hand jetzt, wenn sie entspannt ist, anfühlt.

Nimm eine neue Zitrone und zerquetsch sie wieder mit der rechten Hand: drück sie noch fester zusammen als die erste Zitrone. Und jetzt lass die Zitrone fallen und entspanne.

Und nun mach das gleiche mit der linken Hand. Nimm eine Zitrone in deine linke Hand und drück sie ganz fest zusammen. Versuch, den ganzen Zitronensaft herauszuquetschen. Achte auf die Anspannung in deiner Hand und in deinem Arm. Und nun lass die Zitrone fallen und entspanne. Merkst du, wie viel besser sich die Hand und der Arm anfühlen, wenn sie entspannt sind?

Als Nächstes spann deine Arme an. Stell dir vor, du wärst eine faule, schläfrige Katze. Du willst dich so richtig recken und strecken. Streck deine Arme weit nach oben, zieh sie über deinen Kopf und lass sie weit nach hinten wippen. Fühlst du das Ziehen in deinen Armen und Schultern? Und jetzt lass deine Arme wieder neben deinen Körper fallen und entspanne.

Okay, streck dich noch einmal. Streck deine Arme nach oben, zieh sie über deinen Kopf und lass sie nach hinten wippen. Und nun lass sie wieder neben deinen Körper fallen. Merkst du, wie sich deine Arme und Schultern immer mehr entspannen?

Nun geht es um das Anspannen der Schultern.

Stell dir vor, du wärst eine Schildkröte. Du sitzt draußen im Sand an deinem Lieblingsteich und entspannst dich in der wohligen, warmen Sonne. Hier fühlst du dich richtig sicher. Aber plötzlich witterst du Gefahr! Zieh schnell deinen Kopf in deinen Panzer ein. Versuch, deine Schultern weit hinaufzuziehen, bis hin zu deinen Ohren und schiebe deinen Kopf zwischen deine Schultern. Bleib einen Moment so und spüre die Anspannung in deinen Schultern und im Nacken.

Und endlich: Die Gefahr ist vorüber, du kannst deinen Kopf wieder aus deinem Panzer hinausstrecken und zurückkommen in die wärmende Sonne. Du kannst dich wieder entspannen und so richtig wohlfühlen.

Doch aufgepasst! Du spürst erneut Gefahr herannahen. Schnell, zieh deinen Kopf ein und bleib so. Beobachte die Anspannung in Hals und Nacken. Gut, die Gefahr ist wieder vorüber und du kannst dich wieder entspannen. Fahre deinen Kopf wieder heraus und entspanne dich. Es wird keine Gefahr mehr geben. Du brauchst keine Angst mehr zu haben. Du fühlst dich gut.

Als Nächstes sollst du deine Zähne zusammenbei-
ßen. Stell dir jetzt vor, du hast einen riesigen Kaugummi in deinem Mund: es ist wirklich sehr anstrengend, darauf zu kauen. Und jetzt entspanne.
Du merkst, wie gut es tut, deinen Kiefer einfach
herunterhängen zu lassen.

Okay, jetzt kau noch einmal auf diesem Kaugummi.
Zerbeiß ihn zwischen deinen Zähnen. Und jetzt
entspanne wieder. Du fühlst dich so gut, einfach
nur zu entspannen und dich nicht mit diesem blö-
den Kaugummi herumärgern zu müssen.

Oh, da kommt so eine lästige Fliege herangeflo-
gen und landet mitten auf deiner Nase. Versuch
sie zu verscheuchen, ohne deine Hände dabei zu
benutzen. Runzle deine Nase. Mach ganz viele
Runzeln in deine Nase. Endlich, du hast die Fliege
verscheucht. Du kannst die Nase wieder entspannen.

Ups, da kommt die Fliege schon wieder zurück
und landet wieder genau auf deiner Nase. Ver-
scheuch sie noch einmal, indem du deine Nase so
stark wie möglich runzelst. Merkst du, wie deine
Backen, dein Mund, deine Augen und deine Stirn
dir helfen, die Nase zu runzeln? Okay, du hast es
wieder geschafft, die lästige Fliege zu vertreiben.
Du kannst dein Gesicht wieder entspannen.

Lass dein Gesicht ganz glatt werden, es hat keine
Runzeln mehr. Dein Gesicht fühlt sich jetzt ganz
glatt, angenehm und entspannt an.

Als Nächstes geht es um das Anspannen des Bau-
ches. Stell dir vor, du liegst auf einer Wiese im
Gras und von weitem kommt ein kleiner Elefant
herangetrottet. Aber er scheint gar nicht darauf
zu achten, wo er hinläuft. Gleich läuft er über deinen Bauch. Beweg dich nicht, du hast keine Zeit
mehr, dich zu verdrücken. Bereite dich auf den
unangemeldeten Besuch vor. Mach deinen Bauch
ganz hart und fest. Spanne deine Bauchmuskeln
ganz fest an. Oh, es sieht so aus, als ob der Elefant
nun doch eine andere Richtung einschlägt. Glück
gehabt. Du kannst wieder entspannen und deinen
Bauch ganz locker werden lassen. Lass deinen
Bauch so entspannt wie möglich werden. Das fühlt
sich so viel besser an.

Uhg, der kleine Dickhäuter kommt zurück. Fertig-
machen! Spanne deine Bauchmuskeln ganz fest
an. Wenn er über dich hinüberläuft und dein Bauch
ist ganz hart und fest, kann er dir nicht wehtun.
Mach deinen Bauch hart wie einen Stein. Der Elefant kommt näher, läuft über deinen Bauch und

trottet davon. Du kannst dich jetzt wieder ganz entspannen. Du bist ganz sicher. Alles ist okay und du
fühlst dich ganz ruhig und entspannt.

Nun sollst du deinen Bauch einziehen. Stell dir vor,
du willst dich durch einen engen Zaun quetschen.
Du musst dich ganz dünn machen, wenn du es
schaffen willst, da durchzukommen. Zieh deinen
Bauch ein, ganz fest. Versuch, so dünn zu werden,
wie du kannst. Du willst durch diesen Zaun hindurch. Und du schlüpfst hindurch. Du hast es geschafft. Du kannst deinen Bauch wieder entspannen. Du brauchst jetzt nicht mehr dünn zu sein.
Entspann dich und fühl, wie dein Bauch weich wird
und warm.

Aber irgendwie wird dir doch langweilig auf dieser Seite des Zaunes. Du willst wieder zurück auf
die andere Seite. Zieh deinen Bauch wieder ganz
fest ein. Mach ihn ganz dünn. Und jetzt quetschst
du dich wieder durch diesen dünnen Zaun. Su-
per, du hast es geschafft hindurchzukommen. Du
kannst dich jetzt entspannen und deinen Bauch
wieder dahin kommen lassen, wo er hingehört.
Du hast es geschafft, du fühlst dich jetzt wirklich
gut.

Als Letztes spann die Füße und die Beine an. Stell
dir vor, du stehst barfuß in einem großen, wab-
beligen Schlammloch. Wühl mit deinen Zehen
tief im Schlamm. Versuch, deine Füße bis auf den
Grund dieses Schlammloches zu drücken. Du wirst
wahrscheinlich auch deine Beine als Unterstützung
gebrauchen. Mach deine Beine ganz lang, spreiz
deine Zehen. Du merkst, wie der Schlamm sich
langsam durch deine Zehen hindurchdrückt.

Nun steig aus diesem Schlammloch hinaus und
entspanne deine Beine und Füße. Lass deine Zehen
ganz locker werden und spüre, wie schön sich das
anfühlt. Es fühlt sich gut an, sich zu entspannen.

Doch zurück ins Schlammloch. Drück deine Zehen
hinunter. Deine Beinmuskeln helfen den Füßen
beim Herunterdrücken. Okay, komm wieder aus
dem Schlammloch heraus. Entspanne deine Füße,
entspanne deine Beine, entspanne deine Zehen.
Es fühlt sich so gut an, entspannt zu sein. Nir-
gendwo ist Anspannung. Du fühlst dich wohlig und
warm.

Bleib so entspannt, wie du kannst. Lass deinen
ganzen Körper ganz schlaff. Alle Muskeln eines
Körpers sind ganz locker und du fühlst dich so richtig wohlig und entspannt. Genieße dieses Gefühl
der Entspannung noch eine Weile."

Nach ca. einer Minute:

> „So, jetzt werden wir die Entspannungsübung beenden. Spann deine Muskeln wieder ein wenig an und räkel und streck dich. Und jetzt öffne ganz, ganz langsam deine Augen. Sehr gut. Du hast das sehr gut gemacht. Wenn du so weiter übst, wirst du ein Superentspanner werden."

Auswertungsfragen:
- Wie hat euch die Übung gefallen?
- Wie fühlt ihr euch jetzt?
- Welche Muskeln konntet ihr leicht anspannen?
- Welche Muskeln konntet ihr nicht so leicht anspannen?

„Entspannung" als Strategie auf eine Karteikarte schreiben und anheften.

Hausaufgabe: Üben mit einer Entspannungs-CD

Ziele
Die Kinder üben die Progressive Muskelentspannung auch außerhalb der Trainingssitzungen
Dauer
5 Minuten
Material
Entspannungs-CD, Anleitungsbogen

Als Anleitung der häuslichen Entspannungsübungen erhält jedes Kind eine Audio-CD mit Entspannungsinstruktionen zur PMR und mit Fantasiereisen.

> „Entspannen heißt nicht, dass man eine Turnübung macht. Eine Entspannungsübung soll angenehm sein und unangenehme Gedanken verjagen. Dazu sollte man die Entspannung aber auch regelmäßig, z.B. einmal am Tag, üben. Dafür gebe ich euch eine CD. Darauf hilft euch eine Stimme, diese Übung zu machen.
>
> Wenn ihr die Entspannung einige Male geübt habt, könnt ihr sie sicher auch ohne Anleitung durch mich oder durch die CD machen. Dann wisst ihr selbst, was ihr für die Entspannung tun müsst. Ihr könnt euch dann auch eigene Geschichten zur Entspannung ausdenken. Wenn ihr die Übung zu Hause macht, legt euch am besten ganz bequem auf euer Bett.

> In eurem Arbeitsheft ist eine Anleitung zur CD. Die Anleitung enthält Tipps zum Üben mit der CD. Wenn ihr Lust habt, könnt ihr euch die CD auch einmal gemeinsam mit euren Eltern anhören oder zusammen mit Freunden.
>
> In der nächsten Woche werden wir dann besprechen, wie gut das mit der CD geklappt hat.
>
> Wer möchte den Anleitungstext vorlesen?"

„Ich bin stolz"-Rundblitz

Ziele
Die Kinder lernen die positive Selbstinstruktion als Stressbewältigungsstrategie kennen
Dauer
5 Minuten
Material
Keines

Der „Ich bin stolz"-Rundblitz ist eine Übung zur positiven Selbstinstruktion. Die Kinder nennen der Reihe nach etwas, auf das sie stolz sind, und erhalten Beifall durch die Gruppe. Die Möglichkeit, sich selbst zu loben oder sich in befürchteten oder eingetretenen Versagenssituationen auf eigene Stärken zu besinnen, wird als Bewältigungsstrategie thematisiert. Der „Ich bin stolz"-Rundblitz wird im Laufe des Trainings wiederholt, sodass die Kinder immer selbstverständlicher über eigene Stärken sprechen.

> „Oft kann es bei Stress helfen, an etwas besonders Schönes zu denken, das man einmal erlebt hat, oder an etwas zu denken, was man besonders gut kann. Vielen Kindern fällt das aber gar nicht leicht. Oft geht es viel schneller, an etwas Schlimmes zu denken. Deshalb üben wir jetzt, an etwas Schönes zu denken, indem wir den ‚Ich bin stolz'-Rundblitz machen: Ihr habt eine Minute Zeit zu überlegen, auf was ihr stolz seid und was ihr an euch gut findet.
>
> Das kann etwas sein, was ihr in den letzten Tagen und Wochen gesagt oder getan habt, worüber ihr stolz oder glücklich seid. Etwas, das ihr ganz besonders gut könnt, eine Angst, die ihr überwunden habt, oder auch etwas Lustiges, das ihr getan habt. Wenn die Minute herum ist, werde ich ganz

schnell die Runde abfragen und jeder kann sagen, was ihm eingefallen ist. Wer nichts sagen möchte, sagt ‚ich passe'."

Der Trainingsleiter beginnt. Jeder Beitrag wird von der Gruppe beklatscht.

Auswertungsfragen:
- Wie hat euch der Rundblitz gefallen?
- War es schwer, sich zu überlegen, worauf man stolz ist?

„Wir werden das Spiel in den nächsten Wochen noch einige Male machen. Und damit es immer schneller geht, könnt ihr für den ‚Ich bin stolz'-Rundblitz auch zu Hause üben. Überlegt euch abends, bevor ihr einschlaft, was ihr an dem Tag Schönes erlebt oder gemacht habt, auf was ihr stolz seid. Versucht dann, euch dieses Erlebnis noch einmal vorzustellen."

Zusammenfassung der Doppelstunde und Ausblick

Dauer
5 Minuten

Am Ende jeder Doppelstunde gibt der Trainingsleiter eine kurze Zusammenfassung und einen Ausblick auf das nächste Treffen. Die Namensschildchen und die Arbeitshefte werden eingesammelt.

Hinweis für die zweite Doppelstunde: Die Kinder sollen zur nächsten Sitzung Bunt- oder Filzstifte mitbringen.

4.2 Zweite Doppelstunde

Die zweite Doppelstunde hat die Wahrnehmung von Stressreaktionen zum Thema. Ziel ist es, dass die Kinder Gedanken und Gefühle, die mit Stress zusammenhängen, identifizieren können.

Rückblick auf die erste Doppelstunde, „offene Runde" und Ausblick

Ziele
• Förderung der Motivation • Schaffung eines vertrauensvollen Klimas
Dauer
5 Minuten
Material
Namensschildchen, Arbeitsheft, Stresswaage

Zu Beginn jeder Doppelstunde wird in einem kurzen Rundblitz die letzte Doppelstunde zusammengefasst. Daneben sollten die Kinder die Gelegenheit erhalten, über Stresserlebnisse, aber auch über positive oder lustige Erlebnisse der vergangenen Woche zu berichten. Der Trainingsleiter gibt im Anschluss einen Ausblick über die aktuelle Sitzung. Die Namensschildchen und das Arbeitsheft werden ausgeteilt. Weiterhin sollte die „Stresswaage" vorbereitet sein (Tafel, Flipchart etc.).

> „Jedes Mal, wenn wir uns treffen, machen wir am Anfang eine Blitzrunde ‚Was wir beim letzten Mal gemacht haben'. Dabei kann jeder das erzählen, was ihm einfällt. Ich fange an."

Im Anschluss:

> „Seit unserem letzten Treffen ist schon eine Woche vergangen. Wer hatte seitdem ein Stresserlebnis und möchte davon erzählen?"

...

> „Damit wir weniger Stress haben, ist es ganz wichtig, auch an die Erlebnisse zu denken, auf die wir stolz sind oder die lustig sind. Wer hat denn seit unserem letzten Treffen etwas erlebt, auf das er stolz ist oder das witzig ist?"

...

> „Und jetzt sage ich euch, was ich für heute vorbereitet habe ... ."

Gefühle raten

Ziele
Die Kinder erkennen Gefühle, die mit „Stress haben" oder „Zufrieden sein" zusammenhängen
Dauer
25 Minuten
Material
Gefühlekarten, unbeschriftete Karteikarten

Pantomimisch stellen die Kinder Gefühle, die mit „Stress" und mit „Zufrieden sein" zusammenhängen, dar. Die anderen Kinder versuchen, diese Gefühle zu erraten. Kann das Gefühl nicht erraten werden, wird es von den Spielern genannt. Dann wird es von einem Kind an die passende Stelle der Stresswaage gehängt.

> „Heute werden wir herausfinden, woran wir merken können, dass wir Stress haben oder zufrieden sind und uns wohlfühlen. Dazu machen wir jetzt das Spiel ‚Gefühle raten'.
>
> Wir brauchen diese Kärtchen. Auf jedem Kärtchen steht ein Gefühl oder eine Stimmung, z.B. Freude oder Angst oder albern sein. Immer zwei von euch tun sich gleich zusammen und erhalten eine Karte. Dann haben sie Zeit, sich das Gefühl genau anzusehen und sich zu überlegen, wie sie dieses Gefühl am besten ‚ohne Worte' darstellen können. Die anderen müssen dann herausfinden, welches Gefühl die beiden spielen. Das ist nicht ganz einfach, seht also genau hin. Ich zeige euch das mal."

Auswertungsfragen:
- Was glaubt ihr, stellen die beiden dar?
- Wie heißt das Gefühl?
- Woran habt ihr das erkannt?
- An welche Stelle der Stresswaage passt das Gefühl?

Die gespielte Gefühlekarte wird von einem Kind an die passende Stelle der Stresswaage geheftet. Kinder, die unangenehme Gefühle gespielt haben, sollten das Gefühl danach wieder „abschütteln" (im Sinne eines Ausrollens aus einem Rollenspiel).

„Ihr habt gerade einige Gefühle erkannt, die wir haben können, wenn wir Stress haben oder zufrieden sind. Ihr habt auch schon einiges genannt, woran ihr die Gefühle erkennen könnt. Ihr kennt aber bestimmt noch andere Dinge, an denen wir merken können, dass wir Stress haben oder zufrieden sind. Wer möchte anfangen zu erzählen? Ich schreibe das auf die Karten und ihr könnt die Karte dann auch an die richtige Stelle zur Stresswaage heften. Wenn ihr die Karte anheftet, könnt ihr ein Erlebnis nennen, bei dem ihr oder andere das, was auf die Karte geschrieben ist, schon einmal erlebt habt."

Stressreaktionen zeichnen

Ziele
Die Kinder erkennen Stress an den Stressreaktionen
Dauer
25 Minuten
Material
Körperumrisszeichnung, Malstifte

Die Kinder erhalten eine Körperumrisszeichnung von einem Kind (Arbeitsheft) und können dort einzeichnen, an welchen Körperstellen sie Stress empfinden. Wer möchte, kann sein Bild im Anschluss vorstellen.

„Wir haben gerade herausgefunden, welche Gefühle wir haben können, wenn wir Stress haben oder wenn wir uns gut fühlen. Um etwas gegen Stress zu machen, ist es ganz wichtig, dass wir auch merken, dass wir Stress haben. Deshalb dürft ihr nun in dieses Bild von einem Kind einzeichnen, an welchen Körperstellen man Stress merken kann. Ihr könnt das malen, was wir beim Gefühleraten-Spiel herausgefunden haben und auch alles andere, was euch dazu einfällt. Dazu habt ihr eine Viertelstunde Zeit."

Bevor die Kinder ihre Bilder vorstellen, sollte ein kleines Auflockerungsspiel gemacht werden, z.B. das nachfolgend beschriebene Spiel „Dirigent".

Im Anschluss: Vorstellung der Bilder.

Auflockerungsspiel „Dirigent"

Ziele
Nach dem Zeichnen können sich die Kinder ein wenig bewegen
Dauer
10 Minuten
Material
Keines

„Nachdem ihr so konzentriert gezeichnet habt, machen wir jetzt etwas, bei dem ihr wieder richtig locker und frisch werdet. Das ‚Dirigentenspiel'.

Stellt euch vor, ihr seid ein Orchester und einer von euch ist der Dirigent. Ein Kind geht gleich aus dem Raum und dann bestimmen die anderen, wer der Dirigent ist. Dann kommt das Kind, das draußen gewartet hat, wieder herein. Der Dirigent fängt an zu spielen und die anderen müssen dann so schnell wie möglich das gleiche Instrument spielen. Das Kind, das herausgegangen ist, soll dann herausfinden, wer der Dirigent ist. Wenn es den Dirigenten erraten hat, geht der Dirigent heraus und ihr wählt einen anderen Dirigenten. Wird der Dirigent nicht erraten, denkt er sich ein anderes Instrument aus."

Auswertung der Hausaufgabe „Üben mit der Entspannungs-CD"

Ziele
• Die Kinder tauschen Erfahrungen beim Üben mit der Entspannungs-CD aus
• Mögliche Probleme und Schwierigkeiten werden geklärt
• Die Kinder werden durch positive Erfahrungen von anderen zum Üben mit der CD motiviert
Dauer
15 Minuten
Material
Keines

Die Kinder tauschen Erfahrungen mit dem Üben der Progressiven Muskelrelaxation aus. Mögliche Probleme bei der Durchführung der Übungen sollen gelöst werden. Kinder, die regelmäßig mit der CD geübt haben, werden gelobt. Wenn Kinder selten oder gar nicht geübt haben, sollten die Ursachen besprochen werden. Dabei sollte aber berücksichtigt werden, dass es immer einige Kinder gibt, denen die Entspannung nicht gefällt und die sie deshalb auch nicht üben wollen. Den Kindern sollte deutlich gemacht werden, dass es auch in Ordnung ist, wenn jemand die Entspannung nicht üben möchte.

„Beim letzten Mal habe ich euch eine spezielle Übung gegen Stress gezeigt: die Muskelentspannung. Dazu habt ihr eine CD bekommen, damit ihr die Muskelentspannung zu Hause üben könnt.

Heute möchte ich mit euch darüber sprechen, wie das Üben geklappt hat. Wer hat denn mit der CD geübt?"

Fragen an die Kinder, die mit der CD geübt haben:
- Wie hat dir die CD gefallen?
- Was hat dir daran gefallen bzw. nicht gefallen?
- Wann hast du mit der CD geübt?
- Was hat gut geklappt? Welche Muskeln konntest du leicht anspannen?
- Was hat nicht so gut geklappt? Welche Muskeln konntest du nicht so leicht anspannen?
- Hat dich etwas gestört? Wenn ja, was?
- Wie hast du dich nach einer Übung gefühlt? Gab es einen Unterschied zu vorher?

Das Anspannen und Entspannen problematischer Muskelgruppen wird gemeinsam eingeübt. Probleme bei der Durchführung der Entspannungsübungen werden besprochen.

„Entspannung ist etwas, das gefällt manchen Kindern gut und anderen Kindern macht das gar keinen Spaß. Entspannung sollte man nur machen, wenn man es gerne macht. Dann werdet ihr auch bald merken, wie gut das tut und wie ruhig und locker ihr dabei werdet. Wenn ihr die CD einige Male gehört habt, dann könnt ihr die Entspannung auch ohne die CD machen. Dann geht ihr einfach in Gedanken die einzelnen Muskeln durch. Ihr spannt sie an und lasst sie dann wieder locker und denkt dann vielleicht an die Zitrone oder die Katze. Später kann man auch verschiedene Muskeln gleichzeitig anspannen oder in einer ‚Blitzentspannung' alle Muskeln zugleich anspannen und wieder entspannen. Das kann man sehr gut in der Schule machen, z. B. wenn man vor einer Arbeit nervös ist. Wie das geht, zeige ich euch in den nächsten Wochen.

Wenn jemand gar keine Lust auf die Entspannung hat, dann ist das nicht schlimm. Ihr werdet noch eine Menge anderer Dinge kennenlernen, die man gegen Stress tun kann. Vielleicht bekommt ihr ja später Lust, mit der CD Entspannung zu üben."

Indianerschrei

Ziele
Die Kinder lernen den Indianerschrei als kurzfristige Stressbewältigungsstrategie kennen
Dauer
5 Minuten
Material
Keines

Der „Indianerschrei" ist eine kurze, wenig aufwendige Atemübung zur Stressreduktion in akuten Belastungssituationen. Die Kinder sollen durch die Anwendung dieser Übung Nervosität und Aggressionen abbauen und ihre Konzentrationsfähigkeit erhalten, damit sie sich gelassener um eine Problemlösung kümmern können.

„Ich zeige euch jetzt einen Trick, den früher die alten Medizinmänner jungen Kriegerinnen und Kriegern beigebracht haben, wenn die vor einer wichtigen Prüfung oder einem Kampf Angst hatten. Ich zeige euch jetzt den ‚Indianerschrei'. Der ist dazu da, Stress zu überwinden. Steht bitte alle auf!

Stellt euch vor, dass ihr gleich den Indianerschrei ausstoßen werdet. Stellt euch aufrecht hin. Gleich werdet ihr den Mund weit öffnen und tief Luft holen. Es wird ein lautloser (!) Schrei sein, niemand von uns wird ihn hören. Das war für Indianer wichtig, wenn die Feinde schon in der Nähe waren.

Wenn ihr wollt, könnt ihr euch vorstellen, wie der Zauberschrei klingt und bis wohin der Schrei reichen soll. Welche Art Schrei soll es sein? Ein Tarzan-, Freuden-, Rache-, King Kong-Schrei? Wichtig ist, dass ihr tief Luft holt und all eure Kraft hineinlegt."

Kurzdemonstration eines lautlosen Schreis, wobei die Arme weit auseinandergerissen werden.

> „Macht euch jetzt bereit für den Indianerschrei. Ich zähle langsam von drei rückwärts und bei eins lasst ihr den lautlosen (!) Indianerschrei los!"

Auswertungsfragen:
- Wie hat euch die Übung gefallen?
- Wie klang der Schrei?
- Wann kann der Indianerschrei bei Stress helfen?

„Indianerschrei"-Karte an die Stresswaage anheften lassen.

Zusammenfassung der Doppelstunde und Ausblick

Dauer
5 Minuten

Der Trainingsleiter gibt eine kurze Zusammenfassung und einen Ausblick auf das nächste Treffen. Die Namensschildchen und Arbeitshefte werden eingesammelt.

Hinweis für die dritte Doppelstunde: Die Kinder sollen zur nächsten Sitzung Bunt- oder Filzstifte mitbringen.

4.3 Dritte Doppelstunde

Schwerpunkt der dritten Doppelstunde ist die Verbesserung der Wahrnehmung von Stresssituationen. Ziel ist es, dass die Kinder für sie typische oder potenzielle Stresssituationen kennen.

Rückblick auf die zweite Doppelstunde, „offene Runde" und Ausblick

Ziele
• Förderung der Motivation • Schaffung eines vertrauensvollen Klimas
Dauer
5 Minuten
Material
Namensschildchen, Arbeitsheft, Stresswaage

Der Einstieg in die Doppelstunde wird wie in Kapitel 4.2 (S. 37) beschrieben durchgeführt.

Steckbrief Stress

Ziele
Die Kinder kennen typische oder potenzielle Stresssituationen
Dauer
40 Minuten
Material
Steckbrief Stress (Arbeitsheft)

Die Kinder bearbeiten den Steckbrief Stress: Anhand eines kurzen Fragebogens sollen sie verschiedene Merkmale einer Stresssituation beschreiben. Alternativ oder ergänzend können auch Zeichnungen von Stresssituationen angefertigt werden.

Wenn sich Kinder an keine eigene Stresssituation erinnern, ist auch die Beschreibung einer Situation möglich, bei der sie sich vorstellen könnten, Stress zu erleben. Als dritte Möglichkeit können sie auch ein Stresserlebnis einer anderen Person beschreiben. Haben Kinder Schwierigkeiten mit dem Schreiben, füllt der Trainingsleiter den Steckbrief für sie aus. Bevor die Steckbriefe von den Kindern vorgestellt

werden, sollte ein kleines Auflockerungsspiel (z. B. der nachfolgend beschriebene „Regentanz") gemacht werden.

> „Wir haben beim letzten Mal besprochen, woran wir merken, dass wir Stress haben oder dass wir uns gut fühlen und zufrieden sind. Heute werden wir herausfinden, was das für Erlebnisse sind, bei denen wir Stress haben können. Damit ihr solche Stresserlebnisse leichter entdecken könnt, habe ich diesen ‚Steckbrief' mitgebracht. Wer weiß, was ein Steckbrief ist?
>
> Ein Steckbrief wird geschrieben, wenn man einen Übeltäter sucht. Damit man diesen Übeltäter findet, muss man ihn aber ganz genau beschreiben. Der Übeltäter, den wir suchen, heißt ‚Stress'. Ich habe für jeden von euch einen Steckbrief zu ‚Stress' mit einigen Fragen mitgebracht. Diesen Steckbrief könnt ihr jetzt ausfüllen."

Der Steckbrief Stress (Arbeitsheft) wird ausgeteilt und die einzelnen Fragen werden vorgelesen und besprochen.

> „Jetzt kann jeder seinen eigenen Steckbrief ausfüllen. Wenn ihr noch nie Stress hattet, dann überlegt euch, wann ihr vielleicht Stress haben werdet. Wem dazu nichts einfällt, der kann auch das Stresserlebnis von jemand anderem beschreiben (z. B. Geschwister, Freunde, Eltern). Wer möchte, darf sein Stresserlebnis auch malen.
>
> Alles klar? Dann könnt ihr jetzt anfangen. Ihr habt 20 Minuten Zeit."

Bevor die Kinder ihren Steckbrief vorstellen: Ein Auflockerungsspiel.

> „Wer möchte als Erstes seinen Stresssteckbrief vorstellen?"

Auswertungsfragen:
- Haben die anderen Kinder das auch schon erlebt?
- Wie war das bei den anderen?
- Was hätten die anderen gemacht, um den Stress loszuwerden?

Die Situationen werden auf Karteikarten notiert und unter die linke Waagschale der Stresswaage gehängt. Die genannten Stressbewältigungsstrategien werden zur rechten Waagschale geheftet.

Nach der Vorstellung der Steckbriefe:

> „Gibt es sonst noch Erlebnisse, bei denen man Stress haben kann? Wer hat schon mal gemerkt, dass ein anderes Kind in der Schule, in der Pause oder zu Hause Stress gehabt hat? Woran habt ihr das gemerkt?"

Antworten auf Karteikarten notieren und zur Stresswaage hängen.

Auflockerungsspiel „Regentanz"

Ziele
Die Kinder können sich austoben
Dauer
20 Minuten
Material
Keines

Die Gruppe wird aufgeteilt. Die eine Hälfte der Gruppe spielt Indianer, die einen Regentanz einstudieren werden, die andere Hälfte bleibt zunächst Zuschauer. Der Trainingsleiter ist in der Indianergruppe und beginnt einen Indianertanz.

Nachdem die Kinder eine Weile getanzt haben, gehen sie nach draußen und bestimmen den „Regenmacher". Der ändert etwas an seiner Kleidung, damit die Zuschauer ihn später erraten können. Danach kommen die Kinder erneut in den Raum und tanzen. Die Zuschauer raten nun, welches Kind der „Regenmacher" ist. Nach einigen Durchgängen wechseln Zuschauer und Indianer.

> „Heute spielen wir ein Spiel, das nennt sich ‚Regentanz'. Dazu teilen wir uns in zwei Gruppen auf. Die einen sind die Indianer und die anderen sind die Zuschauer. Nachher wird gewechselt. Die Indianer leben in einer Steppe, in der es schon sehr lange nicht mehr geregnet hat. Das Gras ist schon ganz verdorrt, die Büffel sind schon vor langer Zeit zu entfernteren Wasserstellen gezogen, und auch die Indianer brauchen endlich mal wieder eine richtige Dusche. Deshalb haben die Indianer beschlossen, mithilfe eines Regentanzes den Regengott gnädig zu stimmen. Und so tanzen sie alle drauf los, in der Hoffnung, dass es dann endlich regnet.

> Doch irgendwie scheint es noch nicht so richtig zu funktionieren. Da haben sie die Idee, dass man zum Regen machen natürlich auch noch einen Regenmacher braucht. Und so beschließen sie, aus ihrer Mitte einen Regenmacher zu wählen. Und wie in den alten Überlieferungen geschrieben steht, soll man den Regenmacher an seiner Kleidung erkennen."

Die Indianer gehen heraus und ein Kind wird zum Regenmacher bestimmt und es verändert seine Kleidung, indem es z.B. den Ärmel seines Pullovers hinaufzieht. Dann kommen die Indianer wieder herein und tanzen erneut.

> „Oh, spürt ihr auch schon, wie die ersten zarten Tropfen vom Himmel fallen. Und aus den kleinen Tropfen werden dicke Tropfen und nun beginnt es in Strömen zu gießen. Die Indianer brechen in Freudenschreie aus, es hat geklappt: Applaus! Applaus!"

An die Zuschauer:

> „Was glaubt ihr? Wer von den Indianern war der Regenmacher, der dieses Wunder geschafft hat?
>
> Und jetzt wollen wir mal sehen, ob die andere Gruppe auch so viel Erfolg beim Regenmachen hat."

Auswertung der Hausaufgabe „Üben mit der Entspannungs-CD"

Ziele
• Die Kinder tauschen weitere Erfahrungen beim Üben mit der Entspannungs-CD aus • Die Kinder kennen Situationen, in denen Entspannung eine wirksame Stressbewältigungsstrategie sein kann • Die Kinder werden zum Üben mit der CD motiviert
Dauer
10 Minuten
Material
Keines

Die Kinder tauschen weitere Erfahrungen mit dem Üben der Progressiven Muskelrelaxation aus. Dabei soll darauf eingegangen werden, in welchen Situationen die Kinder die Entspannung geübt oder angewendet haben.

> „Wer von euch hat in der vergangenen Woche mit oder ohne CD die Muskelentspannung geübt?"

Fragen an die Kinder, die mit der CD geübt haben:
- Wann hast du die Entspannung gemacht?
- Wie hast du dich nach einer Übung gefühlt?
- Gab es einen Unterschied zu vorher?
- Hat dir die Entspannung geholfen, weniger Stress zu haben?

> „In der nächsten Woche zeige ich euch, wie man bei der Entspannung mehrere Muskeln zusammen anspannen und wieder entspannen kann. Das macht genauso locker und entspannt, geht aber viel schneller als die Entspannung mit allen Muskeln einzeln."

Sprung in die Wachheit

Ziele
Die Kinder lernen den Sprung in die Wachheit als kurzfristige Stressbewältigungsstrategie kennen
Dauer
10 Minuten
Material
Keines

Der „Sprung in die Wachheit" ist eine Atem- und Bewegungsübung zur Stressreduktion. Die Kinder sollen durch die Anwendung dieser Übung Nervosität und Aggressionen abbauen, damit sie gelassener an eine Problemlösung herangehen können. Im Anschluss werden Situationen geplant, in denen die Kinder diese Übung oder den Indianerschrei anwenden.

> „Nachdem wir jetzt so viel zugehört und geredet haben, müssen wir etwas machen, um wieder wach und fit zu werden. Beim letzten Mal habe ich euch den Indianerschrei gezeigt. Wer möchte den Indianerschrei noch einmal vormachen?
>
> Heute zeige ich euch den ‚Sprung in die Wachheit'. Stellt euch bitte alle so hin, dass ihr so viel Platz habt, wie eure ausgestreckten Arme reichen. Ich werde euch jetzt einen Sprung zeigen, den man

gut machen kann, wenn man müde ist, z.B. bei vielen Hausaufgaben. Danach ist man dann wieder richtig fit. Ich mache den Sprung einmal vor:
>
> Zuerst achte ich auf meinen Atem und darauf, dass ich gut auf dem Boden stehe. Dann schließe ich die Augen und konzentriere mich ganz auf meinen Bauch, unterhalb meines Bauchnabels und sammele dort meine ganze Kraft, schicke sie mit meinem Atem herunter und bereite mich vor … . Dann zähle ich langsam von vier rückwärts und bei ‚Null' fliegen meine Arme nach außen, meine Beine springen nach außen und ich reiße die Augen ganz weit auf und schreie ‚HA!'. Und das machen wir jetzt alle zusammen."

Auswertungsfragen:
- Wie hat euch die Übung gefallen?
- Wann könnt ihr den Sprung in die Wachheit noch gebrauchen?

„Sprung in die Wachheit"-Karte an die Stresswaage anheften.

Hausaufgabe: Indianerschrei und Sprung in die Wachheit

> „Jetzt kennt ihr schon zwei kurze Übungen, die ihr machen könnt, wenn ihr müde seid oder nervös und wenn ihr Stress habt. Ihr könnt diese Übungen in den nächsten Tagen ausprobieren. Beim nächsten Treffen sprechen wir darüber, wie das geklappt hat. Dazu ist es am besten, wenn wir jetzt genau planen, wann und wo ihr die Übungen ausprobieren möchtet. Vor oder nach den Hausaufgaben? In der Schule? Vielleicht zusammen mit euren Freundinnen oder Freunden? Wer hat schon eine Idee?"

Zusammenfassung der Doppelstunde und Ausblick

Dauer
5 Minuten

Der Trainingsleiter gibt eine kurze Zusammenfassung und einen Ausblick auf das nächste Treffen. Die Namensschildchen und die Arbeitshefte werden eingesammelt.

4.4 Vierte Doppelstunde

Die Kinder erfahren in dieser Doppelstunde, dass es hilfreich sein kann, mit anderen über eigenen Stress zu sprechen. Diese Strategie wird im Rollenspiel erprobt. Zweiter Schwerpunkt der Sitzung ist das Kennenlernen der Kurzform der Progressiven Muskelrelaxation. Am Ende der Doppelstunde wird den Kindern die „Was ich bei Stress alles tun kann"-Liste vorgestellt, in die sie die im Laufe des Trainings erarbeiteten Stressbewältigungsstrategien eintragen können.

Rückblick auf die dritte Doppelstunde, „offene Runde" und Ausblick

Ziele
• Förderung der Motivation • Schaffung eines vertrauensvollen Klimas
Dauer
5 Minuten
Material
Namensschildchen, Arbeitsheft, Stresswaage

Der Einstieg in die Doppelstunde wird wie in Kapitel 4.2 (S. 37) beschrieben durchgeführt.

Einstieg ins Rollenspiel: „Genießertüte"

Ziele
Die Kinder werden auf die Rollenspielsituation eingestimmt
Dauer
5 Minuten
Material
Keines

Zur Einführung in die nachfolgenden Rollenspiele wird eine kurze Pantomime zum „Warm werden" durchgeführt. Die Kinder sitzen im Stuhlkreis und der Trainingsleiter begibt sich in die Mitte des Kreises und tut so, als hätte er eine große Tüte dabei, aus der er etwas nimmt, das man genießen kann (etwas Leckeres zu essen, ein weiches Kleidungsstück ...). Er lädt die Kinder nacheinander dazu ein, in diese Tüte

zu fassen, sich etwas zum Genießen herauszunehmen und es voller Behagen mit zum Stuhl zurückzunehmen.

> „Eine gute Möglichkeit, sich wohl zu fühlen, ist es, sich etwas Gutes zu tun, etwas zu genießen. Deshalb habe ich hier in meiner Tüte für jeden von euch eine wunderschöne Sache zum Genießen. Jeder von euch darf sich gleich eine Sache herausholen und sie den anderen zeigen. Mal sehen, was hier für mich Schönes drin ist."

Das Spiel geht jetzt möglichst „ohne Worte" weiter. Der Trainingsleiter bietet, nachdem er sich zuerst etwas aus der Tüte genommen hat (z. B. einen leckeren Apfel), die Tüte der Reihe nach allen Kindern an. Hilfen werden ebenfalls nur pantomimisch gegeben: Wenn ein Kind sich nicht beteiligen will oder sich nicht traut, kann der Trainingsleiter pantomimisch etwas für das Kind aus der Tüte nehmen und ihm überreichen oder mit dem Kind zusammen etwas darstellen.

Auswertungsfragen:
• Wie hat euch das Spiel gefallen?
• Wann könnt ihr am besten genießen, ... zu welcher Zeit, ... an welchem Ort?

Rollenspiele: „Schlechte Arbeit zurückbekommen"

Ziele
• Die Stressbewältigungsstrategie „Sich über Stress mitteilen" wird handlungsmäßig erprobt • Die Kinder kennen Vor- und Nachteile dieser Strategie • Die Kinder kennen Situationen, in denen diese Strategie angemessen ist
Dauer
40 Minuten
Material
Karteikarten

In Rollenspielen werden in dieser und der folgenden Doppelstunde Stresssituationen thematisiert, in denen das „Mit anderen über Stress reden" handlungsmäßig erprobt wird. Dieses „Sich mitteilen" kann sowohl palliativen wie instrumentellen Charakter haben. Die Strategie hat instrumentelle Funktion, wenn andere bei der aktiven Problemlösung helfen sollen, und palliative Funktion, wenn das Mitteilen zu einer unmittelbaren Erleichterung führt (wenn einem „ein Stein vom Herzen fällt"). Einführende Geschichten sollen die Kinder anregen, Lösungsstrategien zu suchen und im Spiel auszuprobieren. Neben den für diese und die nächste Doppelstunde vorgegebenen Situationen können natürlich auch weitere potenzielle Stresssituationen gespielt werden, in denen diese Strategie helfen könnte, z.B. dem Lehrer sagen, dass man keine Hausaufgaben gemacht hat, Streit mit Eltern bei den Hausaufgaben usw. In jedem Fall sollten Geschichten aufgegriffen werden, die die Kinder selbst spielen wollen. Im Anschluss an ein Rollenspiel werden die Vor- und Nachteile dieser Strategie für eine bestimmte Situation diskutiert.

Auch über mögliche Handlungsalternativen sollte nachgedacht werden. So könnte man mit den Kindern beispielsweise überlegen, an wen man sich wenden könnte, wenn man von den Eltern Ärger erwartet, wenn man mit einer schlechten Note nach Hause kommt (z.B. die Großeltern oder Geschwister um Unterstützung bitten, mit der Klassenlehrerin sprechen etc.).

Zur Durchführung der Rollenspiele ist zu bemerken, dass für viele Kinder das Interesse am „Spielen" der Geschichten deutlich stärker ist als am „Auswerten" der Rollenspiele. Ebenso kann damit gerechnet werden, dass die ersten Rollenspiele zunächst wenig zielorientiert und strukturiert ablaufen. Aufgrund von Unsicherheiten verhalten sich manche Kinder zunächst eher „albern". Der Trainingsleiter sollte den Kindern daher in ein oder zwei Durchgängen die Möglichkeit geben, die Geschichten so zu spielen, wie sie es möchten, um sich an die Rollenspielsituation zu gewöhnen.

Ein nachlassendes Interesse der Kinder an der Auswertung der Rollenspiele sollte den Trainingsleiter nicht entmutigen. Wie sich in der Evaluation der Rollenspiele zeigte, wird bereits mit dem Spielen ein deutlicher Trainingserfolg erzielt. Sollte sich kein Kind für die Besetzung einer „unattraktiven" Rolle finden, kann diese zunächst vom Trainingsleiter übernommen werden.

> „Ich möchte euch jetzt eine Geschichte von Paul erzählen. Hört genau zu und überlegt euch, warum Paul Stress hat, damit wir danach überlegen können, was Paul machen kann, damit er sich besser fühlt und zufriedener ist. Das wollen wir dann auch zusammen spielen.
>
> Paul hatte sich sehr gefreut, als er endlich in die Schule kam. Und er war in der ersten und zweiten Klasse ein guter Schüler. Seine Eltern haben ihn auch deswegen oft gelobt. Als er in der vierten Klasse ist, schreibt er eine Mathearbeit. Einen Tag später gibt die Lehrerin die Arbeiten zurück. Zu Paul sagt sie: ‚Diese Arbeit war ja ganz schön schwer für dich'. Paul wird ganz blass im Gesicht, als er seine Note sieht. Er macht das Heft schnell zu und packt es weg. Er kann gar nicht glauben, dass er so viele Fehler gemacht hat. Paul geht nach Hause. Es ist ihm peinlich, dass er eine so schlechte Note bekommen hat und möchte am liebsten, dass es keiner erfährt. Als er zu Hause ankommt, fragt seine Mutter ihn, wie es denn heute in der Schule gelaufen ist, und Paul wird ganz komisch zumute. ‚Gut' stammelt er heraus und geht schnell in sein Zimmer. Als er zum Abendessen kommt, ist ihm immer noch nicht wohl, aber er weiß nicht, was er tun soll.
>
> Wie fühlt sich Paul? Könnte so etwas wirklich passieren?"

Anheften der Situationskarte an die Stresswaage.

> „Was glaubt ihr, sollte Paul machen, damit er sich wieder besser fühlt?"

Ablaufschema des Rollenspiels

A. Sammeln von Vorgehensweisen:

Wenn von den Kindern nicht genannt: „Mit anderen darüber sprechen, dass es ihm schlecht geht."
„Wir werden jetzt spielen, wie die Geschichte weitergehen kann, damit sich Paul besser fühlt und weniger Stress hat."

B. Auswahl der Rollenspieler/Analyse der zu spielenden Rollen:

Welche Personen spielen mit?
Wer spielt welche Rolle?

C. Aufbau der Szene/Festlegung des Handlungsvolumens:

„Wir spielen die Geschichte ab dort, wo Paul mit seinen Eltern (Geschwistern) beim Abendbrot sitzt. Hier ist die Bühne. Wir brauchen einen Tisch. Hier ist die Tür ..."

D. Einstimmung auf die Rollen:

Zu Paul: „Du bist Paul. Du fühlst dich ganz schön mies wegen der Arbeit und hast gar keinen richtigen Hunger. Du würdest froh sein, wenn du dich endlich besser fühlen würdest. Deshalb versuchst du ..." (Auswahl einer der gesammelten Strategien).
Zur Mutter: „Du bist Pauls Mutter. Du wunderst dich, dass Paul heute keinen Hunger hat. Abends isst er doch sonst immer wie ein Scheunendrescher."
Zum Vater: „Du bist Pauls Vater. Auch du möchtest wissen, warum Paul so still ist."

E. Instruktion der Beobachter:

„Ihr seid die Beobachter: Schaut genau hin, was Paul unternimmt, damit er sich besser fühlt, und ob es klappt. Und seht euch auch an, was die anderen dann machen. Fragt euch beim Zusehen: Könnte das wirklich so passieren? Wie fühlt sich Paul?"

F. Beginn des Rollenspiels:

Anfang und Ende durch Beifall ankündigen, Dauer des Rollenspiels ca. 5 bis 7 Minuten.

G. Diskussion/Erfahrungsaustausch:

Befragung der Darsteller:
„Was ist geschehen? Wie habt ihr euch gefühlt?"
Im Anschluss Entlassung aus den Rollen:
„So, jetzt bist du nicht mehr X, sondern wieder Y."
Befragung der Zuschauer:
- Was habt ihr beobachtet?
- Was hat Paul gegen seinen Stress unternommen? (Strategie zur Stresswaage heften)
- Wie fühlt sich Paul jetzt?
- Kennt ihr so etwas auch?
- Fallen euch andere Möglichkeiten ein, wie die Geschichte weitergehen kann?

Wiederholung des Rollenspiels mit anderen Darstellern (gegebenenfalls können auch andere Situationen gespielt werden, die von den Kindern als stressauslösend empfunden werden).

Zwischendurch: Übung zur Beruhigung/Entspannung: Kurzform der Progressiven Muskelentspannung.

Nach Abschluss der Rollenspiele:

„Fallen euch noch weitere Gelegenheiten ein, wann es bei Stress helfen kann, mit anderen zu sprechen? Vielleicht können wir dazu in den nächsten Wochen noch weitere Geschichten spielen."

Situationen auf Karteikarten notieren und zur Stress-waage heften.

Progressive Muskelrelaxation: Kurzform

Ziele
Die Entspannungsfähigkeit der Kinder wird vertieft
Dauer
10 Minuten
Material
Keines

Mit den Kindern wird die Wirkung der Kurzfassung der Progressiven Muskelrelaxation erprobt. Dabei werden mehrere Muskeln aus der Langfassung zusammengefasst.

„Wir wollen heute anfangen, die Entspannungs-übungen kürzer zu machen. Denn manchmal, wenn man Stress hat, hat man gar nicht genügend Zeit für eine lange Entspannungsübung. Wer aber die Muskelentspannung regelmäßig übt, der darf auch manchmal mehrere Muskeln gleichzeitig anspannen, um sich schneller zu entspannen. Heute werden wir erst einmal einige Muskeln zusammenfassen. Demnächst werden wir versuchen, alle Muskeln gleichzeitig anzuspannen, dann machen wir die ‚Blitzentspannung'. Das könnt ihr dann auch in der Schule machen, z. B. vor einer Arbeit, ohne dass andere Kinder das merken.

Die Kurzentspannung und die ‚Blitzentspannung' funktionieren nur dann, wenn man die normale Entspannung regelmäßig übt.

Setzt euch alle möglichst bequem auf euren Stuhl. Der Rücken ist angelehnt und die Füße stehen auf dem Boden. Lasst eure Hände ganz locker auf den Beinen liegen. Und jetzt schließt eure Augen und öffnet sie erst, wenn ich es euch sage. Wenn ihr eure Augen nicht länger geschlossen halten könnt, schaut einfach auf den Boden. Denkt daran, genau

das zu machen, was ich euch sage, es ganz stark zu machen und genau darauf zu achten, was euer Körper dabei macht. So, und jetzt fangen wir an:

Richte zunächst deine Aufmerksamkeit auf deinen Atem. Nimm einige Atemzüge durch die Nase und atme dann langsam wieder aus. Du merkst, wie die Luft kühl durch die Nase einströmt und dann beim Ausatmen wieder warm hinausfließt. Du beobachtest auch, wie sich dein Bauch beim Einatmen hebt und beim Ausatmen wieder langsam senkt.

Mach als Erstes mit deinen Händen und Armen eine Pose wie ein Bodybuilder. Spanne deine Hände und Arme ganz fest an. Und nun lass deine Arme und Hände wieder fallen und ganz locker werden und beobachte den Unterschied zwischen der Anspannung vorher und der Entspannung jetzt.

Und noch einmal: Spanne Hände und Arme ganz fest an. Und nun lass sie wieder ganz locker werden. Vielleicht kribbeln sie ein wenig, vielleicht fühlen sie sich auch schwer an oder warm. Vielleicht merkst du aber auch gar nichts Besonderes.

Jetzt wende deine Aufmerksamkeit deinem Gesicht und deinen Schultern zu: Runzel die Stirn, rümpfe die Nase, beiß deine Zähne zusammen und zieh deine Schultern hoch bis zu den Ohren. Beobachte die Spannung in deinem Gesicht und deinen Schultern. Und jetzt mach dein Gesicht wieder ganz glatt, lass deine Schultern wieder hängen und lass deine Muskeln wieder weich werden und entspannt.

Noch einmal: Runzel die Stirn, rümpfe die Nase, beiß deine Zähne zusammen und zieh deine Schultern hoch bis zu den Ohren. Beobachte die Spannung in deinem Gesicht und deinen Schultern. Und jetzt mach dein Gesicht wieder ganz glatt, lass deine Schultern wieder hängen und lass deine Muskeln wieder weich werden und entspannt. Du spürst, wie angenehm es ist, die Muskeln zu entspannen.

Nun spanne deinen Po, deine Beine und Füße und deinen Bauch so fest wie möglich an, als ob du ein langes Seil hochkletterst. Nun entspanne und beobachte den Unterschied.

Und noch einmal: Spanne deinen Po, deine Beine und Füße und deinen Bauch so fest wie möglich an und halte die Spannung einen Moment. Nun entspanne all deine Muskeln wieder und beobachte den Unterschied. Lass die Entspannung sich ausbreiten: durch deine Beine, in deine Füße bis in die Zehenspitzen ... durch deinen Po ... deinen

Bauch … deine Brust … Und lass das angenehme Gefühl der Entspannung weiter strömen durch die Schultern und den Nacken in dein Gesicht … und durch die Arme und Hände bis in deine Fingerspitzen. Genieße noch ein wenig das Gefühl der Entspannung und Ruhe."

Nach 1 Minute:

„Nun stelle dich darauf ein, die Entspannung bald zu beenden. Du weißt, dass du diese Entspannung jedes Mal wiederholen kannst, wenn du aufgeregt oder nervös bist. Balle nun deine Hände ein paar Mal zu Fäusten und atme tief durch. Räkel und strecke dich, bis du richtig wach bist und öffne deine Augen."

Auswertungsfragen:
- Wie hat euch die Kurzentspannung gefallen?
- Was war leicht?
- Was war schwierig?

„Wer dazu Lust hat, kann die Kurzentspannung zu Hause ausprobieren. Ihr könnt das z. B. ganz gut vor oder nach den Hausaufgaben machen, wenn ihr auf dem Stuhl am Tisch sitzt. Aber nicht vergessen: Die Kurzentspannung funktioniert nur dann, wenn man auch die normale Entspannung regelmäßig übt."

Besprechung der Hausaufgabe: Indianerschrei und Sprung in die Wachheit

Ziele
Die Kinder kennen Stresssituationen, in denen diese Strategien angewendet werden können
Dauer
10 Minuten
Material
Keines

In der vergangenen Doppelstunde wurden Situationen geplant, in denen die Kinder den Indianerschrei oder den Sprung in die Wachheit ausprobieren. In der heutigen Sitzung werden Erfahrungen ausgetauscht.

„Bei unserem letzten Treffen haben wir Gelegenheiten geplant, in denen ihr den Indianerschrei oder den Sprung in die Wachheit ausprobieren könnt. Wer weiß denn noch, wie diese Übungen aussehen und möchte sie vormachen?"

Die beiden Übungen werden gemeinsam durchgeführt.

„Wer von euch hat den Indianerschrei oder den Sprung in die Wachheit zu Hause oder in der Schule ausprobiert? Wer möchte davon erzählen?"

Auswertungsfragen:
- Wann hast du das gemacht?
- Was ist dann passiert?

„Was ich bei Stress alles tun kann"-Liste

Ziele
Jedes Kind hat eine Liste mit Stressbewältigungsstrategien, auf die es bei Bedarf zurückgreifen kann
Dauer
10 Minuten
Material
Arbeitsblatt „Was ich bei Stress alles tun kann" (Arbeitsheft)

Die Kinder tragen im Laufe des Stressbewältigungstrainings, jeweils am Ende einer Sitzung, die erarbeiteten Stressbewältigungsstrategien in ein Arbeitsblatt aus dem Arbeitsheft ein. Dabei kann es sich um Strategien handeln, die ein Kind bereits verwendet, aber ebenso um solche Strategien, von denen es glaubt, dass es sie künftig anwenden wird. Die Liste soll nach Abschluss des Trainings an einem gut sichtbaren Platz im Zimmer des Kindes aufgehängt werden.

„Damit ihr auch zu Hause immer wisst, was ihr tun könnt, wenn ihr Stress habt, bekommt jeder von euch eine eigene Liste. Hier könnt ihr in den nächsten Wochen alles eintragen, was ihr tun oder denken könnt, um euch bei Stress wieder wohl zu fühlen. Dazu habt ihr immer am Ende unseres Treffens Zeit. Wenn das Training zu Ende ist, verwahrt die Liste an einem Platz, an dem ihr sie immer findet, wenn ihr sie braucht. Ihr könnt sie dazu auch in eurem Zimmer aufhängen."

Jetzt habt ihr ein wenig Zeit, um schon einiges in die Liste einzutragen. Ihr könnt all das hineinschreiben, was ihr bei Stress machen könnt. Einige Dinge habt ihr ja schon im Training kennengelernt (z.B. Muskelentspannung, über Stress sprechen ...)."

„Ich bin stolz"-Rundblitz

Ziele
Die Kinder lernen die positive Selbstinstruktion als Stressbewältigungsstrategie kennen
Dauer
5 Minuten
Material
Keines

Der „Ich bin stolz"-Rundblitz wird wie in der ersten Doppelstunde (S. 35) beschrieben durchgeführt.

Zusammenfassung der Doppelstunde und Ausblick

Dauer
5 Minuten

Der Trainingsleiter gibt eine kurze Zusammenfassung und einen Ausblick auf das nächste Treffen. Die Namensschildchen und die Arbeitshefte werden eingesammelt.

Hinweis für die fünfte Doppelstunde: Die Kinder sollen zur nächsten Sitzung Bunt- oder Filzstifte mitbringen.

4.5 Fünfte Doppelstunde

In dieser Doppelstunde wird ein zweiter Block Rollenspiele zum Thema „Sich über Stress mitteilen" durchgeführt. Sich auszuruhen und zu erholen und den Anspruch auf dieses Bedürfnis durchzusetzen, sind wichtige palliative und instrumentelle Bewältigungsstrategien, die den zweiten Schwerpunkt dieser Doppelstunde darstellen.

Rückblick auf die vierte Doppelstunde, „offene Runde" und Ausblick

Ziele
• Förderung der Motivation • Schaffung eines vertrauensvollen Klimas
Dauer
5 Minuten
Material
Namensschildchen, Arbeitsheft, Stresswaage

Der Einstieg in die Doppelstunde wird wie in Kapitel 4.2 (S. 37) beschrieben durchgeführt.

Rollenspiele „Geärgert werden"

Ziele
• Die Stressbewältigungsstrategie „Sich über Stress mitteilen" wird handlungsmäßig erprobt • Die Kinder kennen Vor- und Nachteile dieser Strategie • Die Kinder kennen Situationen, in denen diese Strategie angemessen ist
Dauer
30 Minuten
Material
Karteikarten

Die Strategie „Sich über eigenes Stresserleben mitteilen" wird weiter in Rollenspielen erprobt und bewertet. Dabei geht es in dieser Sitzung um das Thema „Konflikte mit anderen Kindern". Auch in dieser Doppelstunde können vom Trainingsleiter und den Kindern eigene Rollenspielsituationen vorgeschlagen werden.

„Ich möchte euch jetzt eine Geschichte von Greta erzählen. Hört genau zu und überlegt euch, warum Greta Stress hat, damit wir danach überlegen können, was Greta machen kann, damit sie sich besser fühlt und zufrieden ist. Das wollen wir dann auch zusammen spielen.

In der großen Pause spielen die Kinder auf dem Pausenhof. Tanja schlägt vor, gemeinsam etwas zu spielen. Sie entschließen sich zu dem Spiel ‚Blinde Kuh'. Greta, die auch in der Nähe ist, freut sich besonders: Sie darf anscheinend auch mitspielen! Das kommt nicht oft vor. Wegen ihrer dicken Brille machen sich viele Kinder über Greta lustig. Doch heute ist es anscheinend anders. Ihre Freude soll aber nicht lange dauern. Gerhard sagt nämlich gerade: ‚Greta, komm, du darfst die Blinde Kuh sein. Bei dir brauchen wir die Augen nicht zuzubinden, weil du sowieso nichts siehst!' Die Kinder lachen, aber Greta hat auf einmal solche Wut, dass sie wegläuft und weint.

Wie fühlt sich Greta? Könnte so etwas wirklich passieren?"

Anheften der Situationskarte an die Stresswaage.

„Was glaubt ihr, sollte Greta machen, damit sie sich wieder besser fühlt?"

Ablaufschema des Rollenspiels

A. Sammeln von Vorgehensweisen:

Wenn von den Kindern nicht genannt: „Mit anderen darüber sprechen, dass es ihr schlecht geht."

„Wir werden jetzt spielen, wie die Geschichte weitergehen kann, damit sich Greta besser fühlt und weniger Stress hat."

B. Auswahl der Rollenspieler/Analyse der zu spielenden Rollen:

Welche Personen spielen mit?

Wer spielt welche Rolle?

C. Aufbau der Szene/Festlegung des Handlungsvolumens:

„Wir spielen die Geschichte ab dort, wo Tanja Greta fragt, ob sie mitspielen will. Hier ist die Bühne."

D. Einstimmung auf die Rollen:

Zu Greta: „Du bist Greta. Du fühlst dich ganz schön mies, weil die anderen so gemein zu dir sind. Du würdest froh sein, wenn du dich endlich besser fühlen würdest. Deshalb versuchst du ... ." (Auswahl einer der gesammelten Strategien).

Zu Tanja: „Du bist Tanja. Greta tut dir leid, weil sie nie gefragt wird, ob sie mitspielen will."

Zu Gerhard: „Du bist Gerhard. Du weißt, dass Greta von den anderen Kindern immer ausgelacht wird und dass die anderen Kinder Spaß haben, wenn du sie ärgerst."

E. Instruktion der Beobachter:

„Ihr seid die Beobachter: Schaut genau hin, was Greta unternimmt, damit sie sich besser fühlt. Und seht euch auch an, was die anderen dann machen. Fragt euch beim Zusehen: Könnte das wirklich so passieren? Wie fühlt sich Greta?"

F. Beginn des Rollenspiels:

Anfang und Ende durch Beifall ankündigen, Rollenspieldauer ca. 5 bis 7 Minuten.

G. Diskussion/Erfahrungsaustausch:

Befragung der Darsteller:

„Was ist geschehen? Wie habt ihr euch gefühlt?"

Im Anschluss Entlassung aus den Rollen:

„Du bist jetzt nicht mehr X, sondern wieder Y."

Befragung der Zuschauer:

- Was habt ihr beobachtet?
- Was hat Greta gegen ihren Stress unternommen? (Strategie zur Stresswaage heften)
- Wie fühlt sich Greta jetzt?
- Kennt ihr so etwas auch?
- Fallen euch andere Möglichkeiten ein, wie die Geschichte weitergehen kann?

Wiederholung des Rollenspiels mit anderen Darstellern. Gegebenenfalls kann auch eine andere Situation gewählt werden, die von den Kindern als stressauslösend empfunden wird.

Zwischendurch: Auflockerungsspiel

Nach Abschluss der Rollenspiele:

> „Fallen euch noch weitere Gelegenheiten ein, wann es bei Stress helfen kann, mit anderen zu sprechen?"

Situationen auf Karteikarten notieren und zur Stresswaage heften.

Auflockerungsspiel „Clown"

Ziele
• Entspannung der Atmosphäre • Die Kinder kennen Situationen, in denen diese Strategie angemessen ist
Dauer
10 Minuten
Material
Keines

Dieses Spiel ist eine Abwandlung von „Alle Vögel fliegen hoch". Die Kinder stehen im Kreis, und ein Kind ist der Clown, der eine lustige Bewegung macht. Nach kurzer Zeit sagt das Kind entweder „So", dann müssen alle anderen die Bewegung nachmachen oder das Kind sagt „So nicht", dann dürfen die Kinder sich nicht bewegen. Bewegt sich ein Kind dennoch, dann ist es als Clown an der Reihe.

> „Heute zeige ich euch ein Auflockerungsspiel, das heißt ‚Clown'. Dazu stellen wir uns im Kreis auf.
>
> Einer von uns ist gleich der Clown und macht eine lustige Bewegung. Dazu sagt der Clown entweder ‚So', dann müssen wir alle die Bewegung nachmachen. Oder der Clown sagt ‚So nicht', dann dürfen wir uns nicht bewegen. Wenn sich jemand trotzdem bewegt, dann ist er als Clown an der Reihe. Ich fange als Clown an."

Demonstration

Fallgeschichte „Harald Hetzig"

Ziele
Die Kinder wissen um die Bedeutung von Ruhepausen
Dauer
15 Minuten
Material
Keines

Die Fallgeschichte „Harald Hetzig" leitet den Stressbewältigungsschwerpunkt „Ruhe und Erholung" ein. Den Kindern soll dabei verdeutlicht werden, wie wichtig es ist, zwischen Phasen der Anspannung und Aktivität Pausen für Ruhe und Erholung einzulegen. Der Trainingsleiter liest die Geschichte zunächst vor und im Anschluss werden Lösungsstrategien gesammelt.

> „Heute werde ich euch die Geschichte von einem Jungen erzählen, der manchmal sehr viel Stress hat. Ich werde euch die Geschichte von Harald Hetzig vorlesen, und im Anschluss wollen wir gemeinsam überlegen, warum Harald Hetzig Stress hat und was er am besten dagegen machen kann.
>
> Harald Hetzig ist 10 Jahre alt und geht in die vierte Klasse einer Grundschule in Zwergendorf. An manchen Tagen hat Harald Hetzig so viel vor, dass er nicht mehr weiß, wo ihm der Kopf steht. Einen solchen Tag aus dem Leben des Harald Hetzig werden wir uns jetzt anschauen.
>
> Es ist ein Montag im Mai, und schon beim Frühstück wird Harald Hetzig ganz nervös, wenn er überlegt, was er heute alles tun muss: Vier Stunden Schule, dann schnell Mittagessen und Hausaufgaben machen, denn um drei Uhr muss Harald beim Flötenunterricht sein. Das geht bis um vier. Um halb sechs hat Harald Fußballtraining bis sieben. Zwischen Flötenunterricht und Fußballtraining will er noch schnell bei der Geburtstagsfeier seines Freundes Stefan vorbeischauen, denn dort ist es immer so lustig, und das will er auf keinen Fall verpassen.
>
> Als Harald nach der Schule zu Hause angekommen ist, wirft er seinen Schulranzen in sein Zimmer und schaufelt sich schnell das Mittagessen rein. Anschließend geht es an die Hausaufgaben:

Rechenaufgaben für Mathe. Am Anfang geht es ja noch ganz gut. Aber dann dauert es immer länger, bis Harald das Ergebnis einfällt.

Er ist mit seinen Gedanken schon beim Flöten-unterricht ..., bei der Geburtstagsfeier ..., ach und dann war da ja auch noch das Fußballtraining. Und während er so grübelt, klingelt es an der Haustür. Birgit ist da, sie will ihn zum Flötenunterricht ab-holen. Also, schnell das Matheheft zugeklappt, ‚den Rest mache ich heute Abend‘, denkt Harald und auf geht's.

Beim Flötenunterricht angekommen stellt Harald fest, dass er seine Noten zu Hause liegengelassen hat. Pech, so muss er halt bei Birgit mit in die Noten schauen. Aber heute klappt das Zusammen-spiel überhaupt nicht. Ständig verpennt Harald seine Einsätze, er kann sich überhaupt nicht rich-tig konzentrieren. So bringt er also auch dies mehr schlecht als recht hinter sich und weiter geht's.

Bei der Geburtstagsfeier seines Freundes sitzen alle schon am Tisch und essen Kuchen. ‚Schön, dass du's noch geschafft hast‘, sagt Stefan. Als Ha-rald gerade sitzt, haben die Kinder die Idee, Stille Post zu spielen: Stefan denkt sich einen Satz aus und flüstert ihn Anja zu, diese erzählt das, was sie verstanden hat, leise dem nächsten Kind. Als Ha-rald als letzter an der Reihe ist, hört man nur ein leises ‚Ratze püüh, ratze püüüh‘. Und als sich die anderen Kinder Harald anschauen, stellen sie fest, dass seine Augen geschlossen sind. Harald ist wäh-rend des Spiels eingeschlafen. Durch das Geläch-ter der anderen geweckt wird Harald wach und fragt ganz verwirrt, wo er ist. Es ist ihm peinlich, aber lange braucht er hier ja auch nicht mehr zu bleiben: Gleich hat er Fußballtraining.

Beim Fußballtraining werden die Kinder heute mal so richtig rangenommen. Endlich um sieben Uhr wieder zu Hause angekommen schmeißt sich Ha-rald sofort auf sein Bett. Als er wieder wach wird, hört er seine Mutter sagen: ‚Harald, es wird Zeit, dass du aus den Federn kommst, sonst bist du nicht mehr rechtzeitig in der Schule‘.“

Auswertungsfragen:
- Warum hat Harald Hetzig Stress?
- Was könnte Harald Hetzig machen, um weniger Stress zu haben?

- Habt ihr so einen Tag auch schon einmal erlebt?
- Was habt ihr gemacht, um weniger Stress zu ha-ben?

Der Trainingsleiter notiert die genannten Situationen und Strategien.

Wenn von den Kindern nicht angesprochen:

„Manchmal kann es bei Stress gut sein, dass man eine Pause macht oder sich ausruht. Was macht ihr, wenn ihr euch ausruhen und erholen wollt?“

Auflockerungsspiel „Zusammen Aufstehen"

Ziele
Die Kinder können sich nach einer Phase der Konzentration erholen
Dauer
5 Minuten
Material
Keines

Zwei Kinder versuchen, Rücken an Rücken und mit verschränkten Armen am Boden sitzend, gemeinsam aufzustehen.

„Nachdem wir jetzt so viel geredet haben, wollen wir wieder kurz etwas machen, um uns zu erho-len. Alleine aufstehen ist ja ganz einfach, aber wir wollen das jetzt einmal zu zweit probieren.

Stellt euch jeweils zu zweit auf, Rücken an Rücken und verschränkt die Arme ineinander. Nun setzt euch gemeinsam hin und zieht die Füße an euren Po. So, und nun versucht, zusammen, mit ver-schränkten Armen, aufzustehen. Schiebt euch Rü-cken an Rücken hoch. ...

Könnt ihr das auch mit drei, vier ... zehn Kindern?“

Anfertigen von „Bitte nicht stören"-Schildern

Ziele
• Die Kinder erfahren, dass es wichtig sein kann, sich manchmal für eine Weile zurückzuziehen • Die Kinder lernen, wie sie sich für eine Weile zurückziehen können
Dauer
15 Minuten
Material
DIN-A4-Pappbogen, Malstifte

Damit den Kindern ein Instrument zur Verfügung steht, um den Anspruch auf Ruhe und Ungestörtsein durchsetzen zu können, malen sie ein „Bitte nicht stören"-Schild. Jedes Kind erhält einen DIN-A4-Pappbogen, den es nach eigenen Vorstellungen bemalen kann. Das Schild ist so zu gestalten, dass niemand es wagt, den Raum zu betreten, wenn es das Schild aufhängt. Der Trainingsleiter sollte aber darauf achten, dass die Schilder niemanden beleidigen oder verletzen. Auf die Rückseite kann etwas Positives gemalt oder geschrieben werden (z.B. ein „Bitte eintreten"-Schild).

„Gerade habe ich euch die Geschichte von Harald Hetzig erzählt. Harald Hetzig hat nie eine Pause gemacht und hat sich nie erholt.

Vielleicht habt ihr auch schon erlebt, dass es manchmal ganz schön schwierig ist, seine Ruhe zu haben. Oft platzt plötzlich jemand ins Zimmer, wenn man eigentlich nicht gestört werden möchte. Deswegen habe ich euch diese Schilder mitgebracht, die ihr jetzt so bemalen könnt, dass sich niemand mehr ins Zimmer hineintraut, wenn ihr dieses Schild vor die Tür hängt. Es sollen richtige ‚Bitte nicht stören/Vorsicht Lebensgefahr/Nicht eintreten/Zutritt zu Zimmer verboten'-Schilder

werden. Malt sie so, dass sich auch wirklich niemand hineintraut, wenn ihr euer Schild aufgehängt habt. Ihr solltet aber darauf achten, dass ihr damit niemandem weh tut.

Auf die Rückseite könnt ihr etwas malen und schreiben, damit andere sehen, dass sie zu euch hereinkommen sollen. Denn manchmal ist man auch froh, wenn jemand ins Zimmer kommt."

Hausaufgabe: Ausprobieren der „Bitte nicht stören"-Schilder

„Bis zum nächsten Mal könnt ihr die ‚Bitte nicht stören'-Schilder zu Hause ausprobieren.

Dann können wir in der nächsten Woche darüber sprechen, wie gut diese Schilder wirken und ob sie manchmal helfen können, ein wenig Ruhe zu haben. Wer hat schon eine Idee, wann er das machen möchte?"

Zusammenfassung der Doppelstunde und Ausblick

Dauer
10 Minuten

Die Kinder heften die erarbeiteten Karteikärtchen und die „Bitte nicht stören"-Karte an die Stresswaage und tragen die Stressbewältigungsstrategien in die „Was ich bei Stress alles tun kann"-Liste ein. Anschließend gibt der Trainingsleiter eine kurze Zusammenfassung und einen Ausblick auf das nächste Treffen. Die Namensschildchen und die Arbeitshefte werden eingesammelt.

Hinweis für die sechste Doppelstunde: Die Kinder sollen zur nächsten Sitzung Bunt- oder Filzstifte mitbringen.

4.6 Sechste Doppelstunde

Neben der Schule haben viele Kinder verschiedene Freizeitaktivitäten, die nicht nur hohe Leistungsanforderungen stellen, sondern auch zu Überforderungen führen können. Je nach der Anzahl solcher Aktivitäten und der Intensität, mit der sie betrieben werden, ist die „Freizeit" der Kinder mehr oder weniger verplant. Mangelnde „freie Zeit" und seltene Gelegenheiten zum spontanen Spielen als Stressoren werden in dieser Doppelstunde problematisiert. Als Stressbewältigungsstrategien werden das Spielen, einfach „nur" Spaß haben und das zu tun, wozu man gerade Lust hat, in den Mittelpunkt gerückt. Denn Handeln ohne Leistungs- und Zeitdruck stellt einen wichtigen Ausgleich zu Belastungen dar.

Rückblick auf die fünfte Doppelstunde, „offene Runde" und Ausblick

Ziele
• Förderung der Motivation • Schaffung eines vertrauensvollen Klimas
Dauer
5 Minuten
Material
Namensschildchen, Arbeitsheft, Stresswaage

Der Einstieg in die Doppelstunde wird wie in Kapitel 4.2 (S. 37) beschrieben durchgeführt.

Auswertung der Hausaufgabe: Aufhängen der „Bitte nicht stören"-Schilder

Ziele
Die Kinder kennen Vor- und Nachteile, die mit dem „Bitte nicht stören"-Schild verbunden sind
Dauer
10 Minuten
Material
Keines

Mit den Kindern werden die Erfahrungen beim Aufhängen der „Bitte nicht stören"-Schilder besprochen.

> „Wer hat seit unserem letzten Treffen sein ‚Bitte nicht stören'-Schild aufgehängt? Wer möchte erzählen, was passiert ist?"

Auswertungsfragen:
- Wann hast du das Schild aufgehängt?
- Hat es jemand gewagt, in dein Zimmer zu kommen?
- Wenn ja: Was kannst du beim nächsten Mal anders machen?

Erstellen eines Wochenterminplans

Ziele
Die Kinder kennen die Bedeutung von Spielen und Spaß haben als Belastungsausgleich
Dauer
30 Minuten
Material
Wochenplan

Eine Fallgeschichte führt in die Thematik der verplanten Freizeit ein. Im Anschluss malen die Kinder ihren eigenen Wochenplan. Damit die Kinder nicht zu viel schreiben müssen, wird dieser Plan durch farbige Flächen gestaltet, z. B. rote Flächen = verplante Zeit (Schule, Hausaufgaben, Schwimmverein, Flötenunterricht, ...), grüne Flächen = freie, unverplante Zeit. Im Anschluss können die Kinder ihren Plan vorstellen und erzählen, was sie in der verplanten bzw. freien Zeit machen. Sollten Kinder zu viel verplante Zeit beklagen, so werden Lösungsmöglichkeiten gesucht (u. U. auch zusammen mit den Eltern am Elternabend).

> „Heute geht es darum, wann Kinder Stress haben können, wenn ihre ganze Zeit verplant ist. Da gibt es z. B. die Geschichte von Petra Plan. Sie heißt so, weil ihre Woche ganz verplant ist. Ständig muss sie irgendwo hingehen, fast nie hat sie Zeit, das zu tun, wozu sie gerade Lust hat. Morgens ist sie natürlich in der Schule und nachmittags nach den Hausaufgaben hat sie mal Musikunterricht und dreimal in der Woche Sport:
>
> Sie geht zum Schwimmen und zum Tennis. Am Wochenende muss sie dann zu den Wettkämpfen.

‚Gut, dass es die Wettkämpfe nur beim Schwimmen gibt und noch nicht beim Tennis', denkt sie manchmal: Sonst wüsste sie gar nicht, wo sie die Zeit hernehmen soll, um überall dabei zu sein.

Weil Petra Plan immer irgendwo hin muss, ist sie manchmal ganz traurig, wenn ihre Freundinnen sich morgens in der Schule verabreden, um nachmittags zum Spielplatz zu gehen. Dort treffen sie sich, um über dieses und jenes zu reden, was eben gerade wichtig ist, oder sie basteln etwas oder hören Musik. Petra hat eigentlich nie Zeit, um dabei zu sein.

Deshalb hat Petra Plan wegen ihrer vielen Termine oft Stress. Sie wünscht sich oft, einfach mal das zu tun, was ihr gerade einfällt:

Ein Buch anschauen, faulenzen, Musik hören, mit einer Freundin telefonieren, mit dem Bruder etwas spielen ..."

An die Kinder:

„... worauf könnte sie noch Lust haben?

Einmal hat sie geträumt, sie wäre Mitglied im ‚Tennflöschwimmverein 09 e.V.'. Dort wird einmal in der Woche ‚Tennflöschwimm' gespielt. Zwei Mannschaften schwimmen – durch ein Netz voneinander getrennt – in einem Schwimmbecken und versuchen einen Ball mit einer dicken Blockflöte über das Netz zu spielen. Den Rest der Woche konnte sie nach den Hausaufgaben immer das machen, wozu sie gerade Lust hatte. Als sie aufwacht, sagt sie sich: ‚So ein bisschen wie im Traum soll es sonst auch sein und da es in meiner Stadt noch keine Tennflöschwimmvereine gibt, muss ich irgendetwas anderes unternehmen.'

Das war die Geschichte von Petra Plan. Bevor wir überlegen, was Kinder wie Petra Plan gegen ihren Stress machen können, möchte ich euch bitten, euren eigenen Wochenplan zu malen. In diesem Wochenplan könnt ihr bunte Kästen einzeichnen: Rote Kästen für verplante Zeit und Termine, die ihr immer wieder habt: Schule, Hausaufgaben, Sportvereine, Musikunterricht, Kindergruppen; grüne Kästen für die Zeit, in der ihr tun könnt, was ihr wollt. Wer mag, kann seinen Plan nachher den anderen vorstellen und sagen, was er bei den roten und grünen Kästen macht."

Vor der Vorstellung der Wochenterminpläne: Auflockerungsspiel, z.B. „Waschstraße".

„Wer möchte seinen Stundenplan vorstellen?"

Auswertungsfragen:
- An welchen Tagen hast du Stress, weil du nicht das unternehmen kannst, wozu du gerade Lust hast?
- Was würdest du dann gerne machen?
- Warum machst du das dann nicht?
- Was könntest du machen, um weniger Stress zu haben?

Auflockerungsspiel „Waschstraße"

Ziele
Nach einer Phase der Konzentration können sich die Kinder bewegen
Dauer
10 Minuten
Material
Keines

Die Kinder knien sich – einander gegenüber – hin und bilden eine Gasse: die „Waschstraße". Der Trainingsleiter ist der Bediener, der sagt, was gemacht wird. Ein Kind krabbelt nun durch die Waschstraße. Dabei wird es zunächst mit den Fingern eingeweicht, von den nächsten Kindern durchgerubbelt, dann kommt die Feinwäsche und zum Schluss werden sie trocken gepustet. Ist das Kind vorne angekommen, verlängert es die Gasse.

„Zur Auflockerung wollen wir nun das Spiel ‚Waschstraße' spielen. Dazu bilden wir eine Waschstraße. Immer zwei Kinder knien sich dazu einander gegenüber auf den Boden. Ich bin der Bediener der Waschstraße. So, jetzt kann der erste von euch in die Waschstraße krabbeln. An der ersten Station wirst du richtig eingeweicht. Wasser prasselt auf deinen Körper.

An der nächsten Station kommt die Grobwäsche: Du wirst richtig durchgerubbelt. Dann kommt die Feinwäsche. Ganz langsam wirst du sauber gestreichelt. Und am Schluss kommt der Fön. Du wirst ganz, ganz trocken gepustet. Wer fertig ist, bildet vorne wieder eine Gasse und von hinten kann der nächste loskrabbeln."

„Was mir alles Spaß macht"-Liste

Ziele
Die Kinder kennen verschiedene Aktivitäten zum Belastungsausgleich
Dauer
20 Minuten
Material
„Was mir alles Spaß macht"-Liste

Um den Kindern einige Aktivitäten zum Belastungsausgleich bewusst zu machen, bearbeiten sie einen Fragebogen (Arbeitsheft), auf dem einige Ausgleichsaktivitäten vorgegeben sind und ergänzen sie um eigene Vorschläge. Zu den unterschiedlichen Aktivitäten können die Kinder angeben, wie viel Spaß sie ihnen machen. Anschließend schätzen die Kinder ein, wie oft sie die Aktivitäten, die ihnen sehr viel oder viel Spaß machen, tatsächlich durchführen. Bei Aktivitäten, die ihnen sehr viel oder viel Spaß machen und die relativ unproblematisch durchzuführen sind, die sie aber schon lange nicht mehr gemacht haben, wird überlegt, was sie an der Ausführung hindert.

> „Wenn man häufig Stress hat, ist es wichtig, auch ab und zu Dinge zu tun, auf die man gerade Lust hat. Ich gebe euch gleich eine Liste mit Dingen, die man machen kann, wenn man gerade Lust darauf hat. Ihr könnt dann überlegen, wie gerne ihr diese Aktivitäten macht und wie häufig ihr sie tatsächlich macht. Ihr habt auch die Möglichkeit, Sachen auf die Liste zu schreiben, die ihr gerne macht, die dort aber noch nicht drauf stehen."

Im Anschluss:

> „Jeder von euch kann sich nun eine Sache aussuchen, die ihm viel Spaß macht, die ganz leicht zu machen ist, die er aber schon lange nicht mehr gemacht hat. Wir werden dann versuchen, herauszufinden, warum er sie schon so lange nicht mehr gemacht hat.
>
> Wer hat so etwas in seiner ‚Was mir alles Spaß macht'-Liste gefunden?"

Auswertungsfragen:
- Warum hast du das schon lange nicht mehr gemacht?
- Was müsste passieren, damit du das mal wieder machst?

Sprung in die Wachheit

Ziele
• Die Kinder werden an den Sprung in die Wachheit als Stressbewältigungsstrategie erinnert • Die Kinder können sich bewegen und sich erholen
Dauer
5 Minuten
Material
Keines

Der Sprung in die Wachheit wird wie in der dritten Doppelstunde (S. 43) beschrieben durchgeführt.

Zusammenfassung der Doppelstunde und Ausblick

Dauer
10 Minuten

Die Kinder heften die erarbeiteten Karteikärtchen und die „Bitte nicht stören"-Karte an die Stresswaage und tragen die Stressbewältigungsstrategien in die „Was ich bei Stress alles tun kann"-Liste ein. Anschließend gibt der Trainingsleiter eine kurze Zusammenfassung und einen Ausblick auf das nächste Treffen. Die Namensschildchen und die Arbeitshefte werden eingesammelt.

Hinweis für die siebte Doppelstunde: Die Kinder sollen zur nächsten Sitzung Bunt- oder Filzstifte mitbringen.

4.7 Siebte Doppelstunde

Der Einfluss von Gedanken und Bewertungen auf das Stresserleben steht im Mittelpunkt dieser Doppelstunde, denn Bewertungen sind eine bedeutende Größe im transaktionalen Stressansatz. Darüber hinaus lernen die Kinder eine dritte Variante der Progressiven Muskelrelaxation kennen, die „Blitzentspannung".

Rückblick auf die sechste Doppelstunde, „offene Runde" und Ausblick

Ziele
• Förderung der Motivation • Schaffung eines vertrauensvollen Klimas
Dauer
5 Minuten
Material
Namensschildchen, Arbeitsheft, Stresswaage

Der Einstieg in die Doppelstunde wird wie in Kapitel 4.2 (S. 37) beschrieben durchgeführt.

Stressinduzierende Gedanken

Ziele
Die Kinder können stressinduzierende Gedanken identifizieren
Dauer
25 Minuten
Material
Comic „Negative Gedanken" und Arbeitsblatt „Was ich denke, wenn ich Stress habe" (Arbeitsheft)

Die Thematisierung von Gedanken als Einflussfaktor kann natürlich nicht derart komplex sein, wie es der transaktionale Stressansatz fordern würde. Eine Vereinfachung erfolgt in der Form, dass bei den „negativen Gedanken" nicht zwischen stressinduzierenden und stressbegleitenden Kognitionen differenziert wird. Nach der Identifikation dieser „negativen Gedanken" werden in einem zweiten Schritt Gedanken erarbeitet, die eine stressreduzierende Wirkung ha-

ben. Diese „positiven Gedanken" werden den Stressbewältigungsstrategien zugeordnet.

Als Einstieg in die Identifikation von stressinduzierenden Gedanken wird eine Bildergeschichte bearbeitet. Dabei soll jedes Bild möglichst genau von den Kindern beschrieben werden. Nach dieser Bildergeschichte können individuelle stresserzeugende Gedanken in das Arbeitsblatt „Was ich denke, wenn ich Stress habe" (vgl. Arbeitsheft) eingetragen werden.

> „Heute besprechen wir zwei Bildergeschichten. Wir wollen uns jetzt die erste Bildergeschichte anschauen. Wer von euch möchte sagen, was auf dem ersten Bild zu sehen ist?"

Auswertungsfragen:
- Warum hat das Kind in der Geschichte Stress?
- Meint ihr, dass das, was das Kind denkt, hilft, um sich besser zu fühlen?
- Welche anderen Gedanken, die Stress machen können, kennt ihr?

Der Trainingsleiter heftet eine Karte „Stressgedanken" zu den Stresssituationen an die Stresswaage.

> „Nicht alle Kinder haben die gleichen Gedanken, die Stress machen. Damit ihr eure eigenen Gedanken, die euch Stress machen, erkennt, könnt ihr die Gedanken jetzt in das Blatt ‚Was ich denke, wenn ich Stress habe' eintragen."

Im Anschluss:

> „Wer möchte seine Stressgedanken vorstellen?"

Progressive Muskelrelaxation: „Blitzentspannung"

Ziele
Die Kinder lernen die „Blitzentspannung" als Stressbewältigungsstrategie kennen
Dauer
10 Minuten
Material
Keines

In der „Blitzentspannung" werden alle Muskeln gleichzeitig kurz angespannt und dann wieder entspannt. Eine entspannende Wirkung kann allerdings erst dann erwartet werden, wenn genügend Erfahrungen mit der Lang- und der Kurzform gemacht wurden. Dann kann die „Blitzentspannung" als kurzfristige Bewältigungsstrategie in konkreten Belastungssituationen, z. B. bei Aufregung vor einer Arbeit oder bevor man vor der Klasse etwas vortragen muss, eingesetzt werden.

Obwohl sicher nicht alle Kinder regelmäßig zu Hause die Progressive Muskelrelaxation üben, sollte diese Methode zumindest einmal mit den Kindern durchgeführt werden. Im Anschluss werden potenzielle Stresssituationen gesammelt, in denen die „Blitzentspannung" als Bewältigungsstrategie eingesetzt werden kann. Es sollte den Kindern dabei die Möglichkeit gegeben werden, über ihre bisherigen Erfahrungen mit der Progressiven Muskelrelaxation zu sprechen.

„Heute möchte ich euch die ‚Blitzentspannung' zeigen. Diese ‚Blitzentspannung' kann man überall machen, und sie geht so schnell, dass andere es gar nicht mitbekommen. Ihr könnt sie z. B. in der Schule machen, wenn ihr merkt, dass ihr Stress habt, dass ihr nervös und unruhig seid oder vor etwas Angst habt. Ich mache euch jetzt erst einmal vor, wie die ‚Blitzentspannung' funktioniert (Demonstration!). Und nun machen wir die Blitzentspannung gemeinsam:

Setzt euch alle möglichst bequem auf euren Stuhl. Der Rücken ist angelehnt und die Füße stehen auf dem Boden. Lasst eure Hände ganz locker auf den Beinen liegen. Und jetzt schließt eure Augen und öffnet sie erst, wenn ich es euch sage. Wenn ihr eure Augen nicht länger geschlossen halten könnt, schaut einfach auf den Boden. Denkt daran, genau das zu machen, was ich euch sage, es ganz stark zu machen und genau darauf zu achten, was euer Körper dabei macht. So, und jetzt fangen wir an.

Richte deine Aufmerksamkeit auf deinen Atem. Nimm einige Atemzüge durch die Nase und atme dann langsam wieder aus. Du merkst, wie die Luft kühl durch die Nase einströmt und dann beim Ausatmen wieder warm hinausfließt. Du beobachtest auch, wie sich dein Bauch beim Einatmen hebt und beim Ausatmen wieder langsam senkt.

Und nun spanne gleichzeitig alle Muskeln deines Körpers an: Die Hände und Arme, das Gesicht und die Schultern und den Bauch, die Füße und die Beine. Spüre, wie das Gefühl der Spannung ist. Und nun entspanne all deine Muskeln wieder und beobachte den Unterschied. Lass die Entspannung sich ausbreiten: durch deine Beine in deine Füße bis in die Zehenspitzen ... durch deinen Po ... deinen Bauch ... deine Brust ... Und lass das angenehme Gefühl der Entspannung weiter strömen durch die Schultern und den Nacken in dein Gesicht ... und durch die Arme und Hände bis in deine Fingerspitzen. Genieße noch ein wenig das Gefühl der Entspannung und Ruhe."

Nach 20 Sekunden:

„Nun stelle dich darauf ein, die Entspannung bald zu beenden. Balle nun deine Hände ein paar Mal zu Fäusten und atme tief durch. Räkele und strecke dich."

Auswertungsfragen:
• Wie hat euch diese „Blitzentspannung" gefallen?
• Wann kann man die „Blitzentspannung" machen, um weniger Stress zu haben?"

„Blitzentspannung" als Bewältigungsstrategie zur Stresswaage heften.

„Jetzt kennt ihr schon drei Formen der Muskelentspannung. Die lange Fassung, in der alle Muskeln einzeln entspannt werden, die Kurzfassung, in der einige Muskeln zusammen angespannt werden und die ‚Blitzentspannung'. Wenn ihr demnächst zu Hause übt, könnt ihr euch aussuchen, ob ihr die ‚Blitzentspannung' oder die Kurzform machen wollt oder ob ihr mit der CD üben möchtet. Ihr könnt immer das machen, wozu ihr gerade Lust habt. Damit aber die ‚Blitzentspannung' richtig funktioniert, muss man auch ab und zu die Kurzform und die Langform (z. B. mit der CD) üben. Wer von euch hat denn in den letzten Wochen die Muskelentspannung gemacht?"

Auswertungsfragen:
• Wann und wo hast du die Entspannung gemacht?
• Wie hast du dich nach einer Entspannung gefühlt? Gab es einen Unterschied zu vorher?

Auflockerungsspiel: „Zublinzeln"

Ziele
Die Kinder können sich austoben
Dauer
15 Minuten
Material
Keines

Mit den Stühlen wird ein Kreis gebildet. Die Kinder bilden Paare, sodass jeweils ein Kind auf einem Stuhl sitzt und sein Partner hinter ihm steht. Ein einzelnes Kind stellt sich hinter einen leeren Stuhl. Dieses Kind lockt – möglichst unauffällig – durch Zublinzeln ein anderes, sitzendes Kind auf seinen freien Platz. Wird einem sitzenden Kind zugezwinkert, dann versucht es, möglichst rasch auf den freien Platz zu kommen, wobei sein Partner durch schnelles Umarmen den Platztausch zu verhindern versucht. Ist das Kind dennoch entkommen, dann tauscht es mit seinem neuen Partner die Funktion, stellt sich also hinter den Stuhl. Das Kind, das keinen Partner mehr hat, ist nun mit dem „Zublinzeln" an der Reihe.

> „Damit wir uns jetzt wieder ein wenig bewegen, möchte ich euch ein Spiel zeigen, das heißt, Zublinzeln'. Kennt ihr das Spiel?"

Wenn das Spiel nicht bekannt ist, wird es vom Trainingsleiter erklärt.

Entlastende Gedanken

Ziele
Die Kinder kennen positive Gedanken, die sie für sich nutzen können
Dauer
25 Minuten
Material
Comic „Positive Gedanken" und Arbeitsblatt „Was ich gegen Stress denken kann" (Arbeitsheft)

Die zweite Bildergeschichte wird bearbeitet. Die Gedankenblasen in dieser Geschichte mit positivem Ausgang sind nicht beschriftet. Die Kinder bearbeiten diese Bildergeschichte allein. Dabei können sie die Comics auch bunt ausmalen. Im Anschluss wird das Arbeitsblatt „Was ich gegen Stress denken kann" ausgefüllt. Dort werden positive Gedanken eingetragen, die bei Stress helfen können, z. B. Bewertungen einer Situation als Herausforderung („Das schaff' ich schon") oder Bagatellisierungen („Wird schon nicht so schlimm") oder Gedanken an etwas, was man besonders gut kann.

> „Wir haben gerade herausgefunden, dass man sich durch schlechte Gedanken Stress machen kann oder dass solche Gedanken dazu führen, dass der Stress schlimmer wird. Ihr bekommt nun eine zweite Bildergeschichte mit leeren Gedankenblasen und jeder von euch kann sich Gedanken überlegen, um weniger Stress zu haben. Dazu schaut euch die Geschichte zunächst an. Vielleicht möchtet ihr die Bilder auch bunt anmalen."

Nach 15 Minuten:

> „Wer möchte seine Bildergeschichte erzählen?"

Auswertungsfragen:
- Welche Gedanken haben die anderen Kinder in die Geschichte geschrieben?
- Wann könnte es sonst noch gut sein, sich schöne Gedanken zu machen, um weniger Stress zu haben?

Eine Karte „Schöne Gedanken" wird als Bewältigungsstrategie an die Stresswaage geheftet.

> „Jetzt haben wir schon einige schöne Gedanken gesammelt, die helfen können, weniger Stress zu haben. Ich habe hier ein Blatt, das heißt ‚Was ich gegen Stress denken kann'. Dort kann jetzt jeder von euch Gedanken aufschreiben, die helfen, weniger Stress zu haben. Ihr könnt die schönen Gedanken einfach in den Kopf einzeichnen."

Im Anschluss:

> „Wer möchte gerne vorlesen, was er aufgeschrieben hat?"
>
> Euch sind wirklich viele schöne Gedanken eingefallen, die helfen, weniger Stress zu haben. Oft sind Gedanken, die Stress machen, aber viel schneller im Kopf als die schönen Gedanken. Damit demnächst die schönen Gedanken schneller sind, wollen wir noch einmal den ‚Ich bin stolz'-Rundblitz machen."

„Ich bin stolz"-Rundblitz

Ziele
Die Kinder können über eigene Stärken sprechen
Dauer
5 Minuten
Material
Keines

Der „Ich bin stolz"-Rundblitz wird wie in der ersten Doppelstunde (S. 35) beschrieben durchgeführt.

Zusammenfassung der Doppelstunde und Ausblick

Dauer
5 Minuten

Die Kinder heften die erarbeiteten Karteikärtchen und die „Bitte nicht stören"-Karte an die Stresswaage und tragen die Stressbewältigungsstrategien in die „Was ich bei Stress alles tun kann"-Liste ein. Anschließend gibt der Trainingsleiter eine kurze Zusammenfassung und einen Ausblick auf das nächste Treffen. Die Namensschildchen und die Arbeitshefte werden eingesammelt.

Hinweis für die achte Doppelstunde: Die Kinder sollen zur nächsten Sitzung Bunt- oder Filzstifte mitbringen.

4.8 Achte Doppelstunde

In der letzten Doppelstunde findet auf spielerische Weise ein Rückblick auf das gesamte Training statt. Dabei wird das Training kritisch beleuchtet. Die Kinder sagen, wie ihnen das Training gefallen hat und was nach ihrer Meinung besser gemacht werden könnte. Es wird gemeinsam diskutiert, wie die Kinder das im Training Gelernte in Zukunft nutzen können. Bei Interesse kann in dieser Doppelstunde noch einmal eine Entspannungsübung mit der Progressiven Muskelrelaxation durchgeführt werden.

Rückblick auf die siebte Doppelstunde, „offene Runde" und Ausblick

Ziele
• Förderung der Motivation • Schaffung eines vertrauensvollen Klimas
Dauer
5 Minuten
Material
Namensschildchen, Arbeitsheft, Stresswaage

Der Einstieg in die Doppelstunde wird wie in Kapitel 4.2 (S. 37) beschrieben durchgeführt.

Brainstorming „Bleib locker ..."

Ziele
Die Kinder reflektieren das Training
Dauer
25 Minuten
Material
Tapete/Papierbögen

Es wird eine große Tapete auf dem Boden ausgebreitet, auf die die Kinder all das aus dem Training aufschreiben oder aufzeichnen können, an das sie sich erinnern. Anschließend kann jedes Kind erzählen, was es aufgeschrieben hat. Der Trainingsleiter strukturiert die Antworten nach den Trainingsbausteinen.

> „Da wir uns heute das letzte Mal treffen, überlegen wir noch einmal, was wir alles gemeinsam zu Stress erarbeitet haben. Dazu habe ich diese große

> Tapete mitgebracht, auf die jetzt jeder – wie bei einem ‚Gedankensturm' – all das aufschreiben oder aufmalen kann, was ihm noch einfällt. Dazu habt ihr eine Viertelstunde Zeit."

Nach 15 Minuten:

> „Wer möchte anfangen und das erzählen, was er aufgeschrieben oder gemalt hat?"

Auflockerungsspiel „Reise nach Jerusalem"

Ziele
Die Kinder können sich etwas bewegen und sich erholen
Dauer
15 Minuten
Material
Musik und geeignetes Abspielgerät (z. B. MP3-Player mit Lautsprecherboxen, CD-Player)

Eine Reihe von Stühlen (immer ein Stuhl weniger als die Anzahl beteiligter Kinder) wird einander gegenübergestellt – Rückenlehne an Rückenlehne. Der Trainingsleiter bedient die Musik, wobei die Kinder um die Stuhlreihen herumgehen. Dann schaltet der Trainingsleiter die Musik aus und jedes Kind versucht, sich auf einen Stuhl zu setzen. Das Kind, das übrig bleibt, scheidet aus. Ein Stuhl wird entfernt und das Spiel geht weiter etc.

Sollte keine Musik verfügbar sein, kann der Trainingsleiter auch in die Hände klatschen und dabei singen.

> „Zur Auflockerung machen wir jetzt ein Spiel, das heißt ‚Reise nach Jerusalem'. Wer kennt dieses Spiel? Dazu brauchen wir erst einmal einige Stühle.
>
> Ich mache gleich Musik und ihr lauft dabei um die Stühle herum. Dann stelle ich die Musik aus, und ihr müsst euch so schnell wie möglich auf einen Stuhl setzen. Auf jedem Stuhl darf aber nur ein Kind sitzen. Da wir immer einen Stuhl weniger haben, als Kinder mitspielen, bekommt ein Kind

keinen Sitzplatz. Dieses Kind scheidet aus. Wir nehmen einen Stuhl weg und das Spiel geht weiter, bis nur noch ein Kind übrig bleibt. Das hat dann das Spiel gewonnen."

Stressquiz

Ziele
Die im Laufe des Trainings erarbeiteten Stresssituationen und Bewältigungsstrategien werden reflektiert und zueinander in Beziehung gesetzt
Dauer
25 Minuten
Material
Stresssituations- und Bewältigungsstrategiekärtchen

In einem Ratespiel werden die im Laufe des Trainings erarbeiteten Stresssituationen und Bewältigungsstrategien erneut zueinander in Beziehung gesetzt. Dazu verteilen sich die Kinder auf maximal drei Teams und jedes Team erhält die gleiche Anzahl an Strategiekarten. Der Trainingsleiter erhält die Situationskarten.

Die Teams haben fünf Minuten Zeit, sich die Karten anzusehen. Dann wird eine Situationskarte vom Trainingsleiter angeheftet. Wenn das erste Team eine passende Strategie zu dieser Situation weiß, kann es diese nennen und die Karte zur Stresswaage heften, wenn die Strategie mehrheitlich von allen Teilnehmern und dem Trainingsleiter als geeignet erachtet wird. Wird die Strategie mehrheitlich abgelehnt, darf das nächste Team eine Karte vorschlagen. Wird eine Strategiekarte akzeptiert, hängt der Trainingsleiter eine neue Situation an die Stresswaage und das nächste Team ist an der Reihe. Fällt einem Team keine passende Strategie ein, hat es die Möglichkeit zu passen. Das Ziel des Spiels besteht darin, dass jedes Team versucht, als erstes alle Karten zur Stresswaage zu hängen.

Sollte im Laufe des Spiels der Wettbewerbsgedanke die Reflexion der Karten verdrängen, entscheidet der Trainingsleiter darüber, ob eine Strategiekarte passt oder nicht.

„Wir haben in den letzten Wochen so viele Karten zum Thema Stress geschrieben und zur Stresswaage gehängt. Damit wir die nicht so schnell wieder vergessen, machen wir jetzt ein Ratespiel. In diesem Ratespiel werden alle ‚Wann man Stress haben kann'-Karten und alle ‚Was man gegen Stress tun kann'-Karten wieder neu an die Stresswaage geheftet. Ich möchte euch nun bitten, zwei (oder drei) Teams zu bilden. Jedes Team bekommt dann von mir einige Karten, auf denen etwas steht, was man gegen Stress tun kann. Ihr habt dann fünf Minuten Zeit, euch die Karten anzusehen. ...

Ich werde jetzt eine Karte anheften, auf der steht etwas drauf, ‚Wann man Stress haben kann'. Das erste Team schaut dann bei seinen Karten nach, ob etwas dabei ist, was man gegen diesen Stress tun kann. Dann stimmen wir alle darüber ab, ob die Karte auch wirklich passt. Ist die Mehrheit von uns der Meinung, dass die Karte passt, kann das Team sie an die Stresswaage hängen. Ist die Mehrheit der Meinung, dass die Karte nicht passt, ist das nächste Team dran. Wenn ein Team meint, keine passende Karte zu haben, kann es auch passen.

Das Team, das als erstes alle Karten an die Stresswaage geheftet hat, hat gewonnen. Überlegt also beim Abstimmen genau, ob die Karte auch wirklich passt."

Sprung in die Wachheit

Ziele
Die Kinder lockern sich auf
Dauer
5 Minuten
Material
Keines

Der Sprung in die Wachheit wird wie in der dritten Doppelstunde (S. 43) beschrieben durchgeführt.

„Jetzt habt ihr euch wieder so angestrengt und so viel gesessen. Damit ihr nicht gleich einschlaft, machen wir jetzt den Sprung, um wieder wach zu werden. Wer möchte den ‚Sprung in die Wachheit' vormachen? Und jetzt machen wir alle zusammen den ‚Sprung in die Wachheit'."

„Abschlussinterviews" und Verabschiedung

Ziele
• Der Trainingsleiter erhält Rückmeldungen zum Training • Die Kinder denken darüber nach, wie sie das im Training Gelernte in Zukunft verwenden können
Dauer
10 Minuten
Material
Buntstifte als „Mikrofone"

Jeweils zwei Kinder (bzw. der Trainingsleiter) interviewen sich gegenseitig. Die anderen Teilnehmer sind Zuschauer. In diesen Interviews können die Kinder Rückmeldungen zum Training geben und gleichzeitig sagen, wie sie das Gelernte in den Alltag umsetzen wollen. Dazu notiert der Trainingsleiter zuvor für die „Reporter" einige Fragen auf Karteikarten. Der Trainingsleiter sollte ebenfalls von einem Kind interviewt werden.

„Bevor wir uns gleich voneinander verabschieden, weil das Training zu Ende ist, möchte ich von euch noch erfahren, wie euch das Training gefallen hat. Ich möchte euch auch sagen, wie mir das Training gefallen hat.

Dazu machen wir jetzt Interviews. Wer weiß, was ein Interview ist?

In einem Interview gibt es immer eine Reporterin oder einen Reporter. Und weil das neugierige Menschen sind, stellen sie anderen Leuten immer eine Menge Fragen: das nennt man dann ‚Interview'. Und später kann man das Interview dann in der Zeitung lesen, im Radio hören oder im Fernsehen sehen.

Stellt euch vor, da wäre ein solcher Reporter und der hat gehört, dass es dieses Training gibt:

‚Bleib locker'. Der Reporter möchte gerne wissen, was das ist und wie das Training Kindern gefällt. Deshalb hält er den Kindern, die bei diesem Training mitmachen, sein Mikrofon unter die Nase und stellt ihnen einige Fragen. Das können wir jetzt spielen. Jeder von euch darf einmal Reporter sein und wird einmal interviewt. Dazu bildet jetzt bitte Zweiergruppen. Die Fragen für den Reporter habe ich auf diese Karten geschrieben."

- Du hast bei dem Training mitgemacht. Kommst du jetzt besser mit Stress klar, bleibst du locker dabei?
- Wie hat dir das Training gefallen? Was hast du gut gefunden?
- Was hat dir nicht gefallen?
- Was hast du in dem Training gelernt, was du auch nach dem Training gegen Stress machen kannst?
- Eine letzte Frage: Wenn dich deine beste Freundin/dein bester Freund fragen würde, ob sie/er auch bei einem solchen Training mitmachen soll: Was würdest du ihr/ihm raten?

„Welche Gruppe möchte anfangen? Als Mikrofone können wir Buntstifte verwenden."

Zum Abschluss wird der Trainingsleiter von einem Kind mit diesen Fragen interviewt.

4.9 Zusatzspiele

In diesem Kapitel werden Zusatzspiele und Zusatzübungen beschrieben, die bei Bedarf eingesetzt werden können. Einige Spiele sind mit viel Bewegung verbunden, eignen sich also für Situationen, in denen die Kinder toben wollen. Andere Spiele erfordern eher Ruhe und Konzentration und haben zum Ziel, eine sehr unruhige Gruppe zu beruhigen. Es können natürlich vom Trainingsleiter oder den Kindern andere Spiele und Übungen vorgeschlagen werden.

„Die Maske"

Ziele
• Die Kinder konzentrieren sich aufeinander • Die Kinder haben Spaß
Dauer
variabel
Material
Keines

Die Kinder bilden einen Kreis. Der Trainingsleiter zieht eine Grimasse und das Kind neben ihm muss diese Grimasse imitieren. Dann macht es eine andere Grimasse, die von dem nächsten Kind imitiert wird usw.

> „Ich zeige euch jetzt ein Spiel, das heißt ‚Die Maske'. Dazu setzen wir uns alle zu einem Kreis zusammen. Ich denke mir jetzt eine Grimasse aus. Das kann eine liebreizende und wunderschöne oder eine total komische und witzige oder eine absolut furchterregende und schreckliche Grimasse sein. Ich tue so, als ob die Grimasse eine Maske vor meinem Gesicht wäre und zeige euch diese Maske.
>
> Jetzt nehme ich die Maske ab und gebe sie X (Sitznachbar). X, du setzt dir jetzt meine Maske auf, das heißt, du machst die gleiche Grimasse wie ich. Dann denkst du dir eine neue Grimasse aus, die du uns zeigst und dann als Maske an den nächsten weitergibst."

„Armer schwarzer Kater"

Ziele
• Die Kinder lernen sich kennen • Die Kinder haben Spaß
Dauer
variabel
Material
Keines

Die Kinder bilden einen Kreis. Ein Kind ist der Kater und kann nur aus seiner Rolle erlöst werden, wenn es ihm gelingt, einen Mitspieler durch „Miauen" zum Lachen zu bringen. Dabei hat der Kater bei jedem Mitspieler drei Versuche. Der Mitspieler entgegnet dem „Miauen" mit den Worten: „Armer schwarzer Kater". Wenn der Mitspieler lachen muss, werden die Rollen getauscht.

> „Das Spiel, das wir jetzt spielen, heißt ‚Armer schwarzer Kater'. Dazu setzen wir uns alle in einen Kreis und ein Kind geht in die Mitte. Das ist der Kater. Wer möchte als erster der Kater sein?"

Der Kater geht in die Mitte.

> „Du bist ein verwunschener Prinz/eine verwunschene Prinzessin und kannst erst wieder ein Kind sein, wenn du es schaffst, mit deinem ‚Miauen' ein anderes Kind zum Lachen zu bringen. Dabei hast du bei jedem Kind drei Versuche. Nach jedem ‚Miauen' sagt das andere Kind ‚Armer schwarzer Kater', weil es weiß, dass du eigentlich ja ein Prinz/ eine Prinzessin bist. Wenn das andere Kind bei den drei Versuchen lachen muss, bist du erlöst und das andere Kind ist verwunschen. Schaffst du es nicht, musst du zu einem anderen Kind gehen und hast erneut drei Versuche."

„Stille Post"

Ziele
• Die Kinder konzentrieren sich aufeinander • Die Kinder haben Spaß
Dauer
variabel
Material
Keines

Die Kinder sitzen im Kreis und der Trainingsleiter flüstert seinem rechten Sitznachbarn einen Satz zu. Dieser flüstert das, was er vom Trainingsleiter verstanden hat, an den nächsten weiter usw. Am Ende werden der Satz des Trainingsleiters und der Satz, den sein linker Sitznachbar verstanden hat, verglichen.

„Wer von euch kennt das Spiel ‚Stille Post'? Das spielen wir jetzt. Dazu setzen wir uns in einen Kreis und ich flüstere X (rechter Sitznachbar) ganz leise einen Satz zu. Außer uns beiden darf keiner den Satz hören. Und du flüsterst jetzt das, was du gehört hast, an den nächsten weiter. Wenn der Satz wieder bei mir angekommen ist, können wir ihn mit dem Satz vergleichen, den ich losgeschickt habe."

„Ball transportieren"

Ziele
• Die Kinder bewegen und erholen sich • Die Kinder haben Spaß
Dauer
variabel
Material
Ball

Die Kinder bilden zwei gleich große Gruppen (bei Bedarf mit Trainingsleiter) und sitzen sich auf dem Boden einander gegenüber, Fuß an Fuß, mit den Händen nach hinten abgestützt. Ein Ball wird auf der einen Seite ins Spiel gebracht und muss auf die an-dere Seite transportiert werden, wobei nur die Füße und der Kopf zum Transport verwendet werden dürfen.

„Zur Auflockerung machen wir jetzt ein Spiel, das heißt ‚Ball transportieren'. Dazu setzen wir uns einander gegenüber auf den Boden, nach hinten mit den Händen abgestützt.

Die Füße derjenigen, die sich gegenübersitzen, berühren sich. Auf der einen Seite kommt gleich ein Ball ins Spiel, der nur mit den Füßen oder den Köpfen auf die andere Seite transportiert wird."

„Hase und Jäger"

Ziele
• Die Kinder können sich bewegen und austoben • Die Kinder haben Spaß
Dauer
variabel
Material
Ball

Ein Kind ist der „Jäger" und wirft mit einem Ball die anderen Kinder, die „Hasen" ab. Ein Kind, das vom Ball getroffen wurde, „erstarrt" mit gespreizten Beinen und kann nur dann aus seiner „Erstarrung" erlöst werden, wenn ein anderes, noch nicht abgeworfenes Kind zwischen seinen Beinen hindurchkriecht. Das Spiel ist beendet, wenn alle „Hasen" „erstarrt" sind.

„Zum Austoben machen wir jetzt ein Spiel, das heißt ‚Hase und Jäger'. Wer möchte als erster der ‚Jäger' sein? Du als Jäger bekommst den Ball und versuchst, alle anderen, die die Hasen sind, abzuwerfen. Die vom Ball getroffenen Hasen bleiben stehen, ‚erstarren' und stellen ihre Beine weit auseinander. Denn sie können von einem anderen Kind, das noch nicht getroffen wurde, aus der ‚Erstarrung' erlöst werden, wenn es zwischen den Beinen hindurchkrabbelt. Der Jäger hat gewonnen, wenn alle Hasen ‚erstarrt' sind. Dann kann ein anderes Kind der Jäger sein."

„Verliebt, verlobt, verheiratet"

Ziele
• Die Kinder können sich bewegen und austoben • Die Kinder haben Spaß
Dauer
variabel
Material
Ball

Die Kinder stehen in einem Kreis und werfen sich den Ball zu. Ein Kind, das einen Ball nicht fangen kann, erhält den Status „verliebt". Fängt es den Ball ein weiteres Mal nicht, ist es „verlobt" und beim Status „verheiratet" scheidet es aus der Runde aus. Es sollten mit den Kindern einige weitere Regeln abgemacht werden, z.B. dass der Ball nicht zu stark oder nicht zwischen zwei Kinder geworfen werden darf.

„Jetzt spielen wir das Ballspiel ‚Verliebt, verlobt, verheiratet'. Dazu stehen wir im Kreis und werfen uns den Ball zu. Wer den Ball das erste Mal nicht fangen kann, ist ‚verliebt', beim zweiten Mal ist er ‚verlobt' und beim dritten Mal ‚verheiratet' und scheidet aus. Das Spiel dauert so lange, bis nur noch ein Kind übrig ist. Beim Werfen müsst ihr darauf achten, dass ihr immer genau auf ein Kind zielt und dass ihr den Ball nicht mit zu viel Wucht werft."

Ameisenspiel

Ziele
• Die Kinder können sich bewegen und austoben • Die Kinder haben Spaß
Dauer
variabel
Material
Stühle

Die Kinder verteilen sich im Raum. Darin befinden sich so viele Stühle, wie Kinder in der Gruppe sind, wobei alle Kinder mit Ausnahme der „Ameise" auf einem Stuhl sitzen. Ein Kind ist die „Ameise". Ein Stuhl ist leer und befindet sich in möglichst großer Entfernung zur „Ameise" (z.B. auf der gegenüberliegenden Seite des Raumes). Die „Ameise" kann nur ganz langsam laufen und einen Fuß vor den anderen setzen. Sie versucht nun, mit ihren Trippelschritten auf den leeren Stuhl zu gelangen. Die anderen Kinder verhindern dies, indem sie aufspringen und möglichst schnell den leeren Platz besetzen. Sobald die „Ameise" einen leeren Platz ergattert hat, ist das Kind „Ameise", das sich am nächsten an dem leer gewordenen Stuhl befindet (und demnach nicht verhindert hat, dass die „Ameise" einen Platz bekommen konnte).

„Jetzt spielen wir das Ameisenspiel. Dazu verteilen wir uns jeweils mit einem Stuhl im Raum. Alle sitzen auf ihren Stühlen bis auf die Ameise. Sie ist ganz weit von ihrem Stuhl entfernt und möchte dort hinkommen. Die Ameise kann allerdings nur ganz langsam laufen und ihr müsst versuchen, ihren Stuhl ganz schnell zu besetzen, sodass sie ihn nicht bekommen kann. Dabei macht ihr aber einen anderen Platz frei und müsst aufpassen, dass die Ameise ihn ebenfalls nicht bekommt. Wenn die Ameise es schafft, einen Stuhl zu ergattern, ist das Kind die nächste Ameise, das nicht verhindern konnte, dass die Ameise einen Platz gefunden hat."

4.10 Zusätzliche Übungen

In diesem Kapitel werden einige zusätzliche Übungen beschrieben, die ergänzend oder alternativ zu einzelnen Trainingselementen eingesetzt werden können. Sie stammen überwiegend aus Gesprächen und Rückmeldungen von Trainingsleitern sowie eigenen Erfahrungen mit dem Training. Es wurde bewusst darauf verzichtet, sie unmittelbar im Training zu verorten, weil die zusätzlichen Übungen bisher nicht systematisch evaluiert wurden. Sie scheinen dennoch vielversprechend zu sein und werden daher hier gesondert zusammengestellt. Die Übungen sind jeweils den zugehörigen Sitzungen und Sitzungselementen zugeordnet, sodass erkennbar ist, an welcher Stelle sie eingesetzt werden können.

Erste Doppelstunde: Vorstellung der Stresswaage

Es gibt viele Möglichkeiten, die Stresswaage zu realisieren. Es wurde bereits darauf hingewiesen, dass die Stresswaage idealerweise bewegliche Waagschalen haben sollte, um die Dynamik des Stressgeschehens für die Kinder leichter nachvollziehbar werden zu lassen. Neben einer Stresswaage aus Pappe oder Kunststoff mit beweglichen Teilen, die an einer Tafel oder Wand befestigt werden kann, kommt in diesem Zusammenhang auch eine Kaufmannswaage mit beweglichen Waagschalen in Betracht. Auf Klötzchen oder Bausteine können mit einem wasserlöslichen Stift Stressauslöser und Bewältigungsstrategien geschrieben und den jeweiligen Waagschalen zugeordnet werden. Auch auf einer Wippe auf einem Spielplatz kann die Funktion einer Stresswaage erlebbar gemacht werden.

Denkbar ist auch, dass die Kinder ihre Arme ausbreiten und selbst mit ihrem Körper eine Waage bilden. Sie können auf diese Weise anderen zeigen, ob ihre eigene Stresswaage gerade balanciert ist oder ob sie sich im Ungleichgewicht befindet. Als Trainingsleiter kann man dadurch mit den Kindern über Stressauslöser und über Möglichkeiten, die Stresswaage ins Gleichgewicht zu bringen, ins Gespräch kommen. Dies lässt sich als Kurzübung, in der jedes Kind seinen aktuellen Waagezustand zum Ausdruck bringt, in mehreren Sitzungen (z.B. jeweils am Anfang der Sitzung) wiederholen und ist gleichzeitig eine kleine Bewegungsübung.

Erste Doppelstunde: Einführung in die Progressive Muskelrelaxation

Nach der Übung zum Kennenlernen der Progressiven Muskelrelaxation sollen die Kinder eine CD mit Entspannungsinstruktionen erhalten. Neben der Entspannungs-CD, die zusätzlich zu diesem Training erhältlich ist, kommt hier als Alternative in Betracht, als Trainingsleiter selbst einen Audio-File mit den Entspannungsinstruktionen zu besprechen und den Kindern zur Verfügung zu stellen (z.B. als File auf einer Audio-CD). Ein besonderer Vorteil ist dabei der Wiedererkennungswert der Stimme. Dies dürfte es erleichtern, den Entspannungszustand wieder zu erreichen, den die Kinder in der Trainingssitzung kennengelernt haben.

Ansonsten bieten sich zum Kennenlernen einer Entspannungsmethode neben der Progressiven Muskelrelaxation Übungen aus anderen Entspannungsverfahren (wie dem autogenen Training oder Achtsamkeitsübungen) an. Es geht hier in diesem Training im Wesentlichen darum, Entspannungsmöglichkeiten kennenzulernen. Dazu kann auch ein Gespräch über Alternativen zum Einüben eines systematischen Entspannungsverfahrens gehören. Auch Musik hören, ein Bad nehmen oder sich auszuruhen kann entspannend sein. Es ist also ein wichtiges Ziel, verschiedene Entspannungsmöglichkeiten kennenzulernen und herauszufinden, was einem selbst liegt.

Erste Doppelstunde: „Ich bin stolz"-Rundblitz

Bei der Beschreibung des „Ich bin stolz"-Rundblitzes wird darauf hingewiesen, dass die Kinder auch passen können, wenn ihnen nichts einfällt, auf das sie stolz sind. Hier bietet es sich an, als Alternative die anderen Kinder zu fragen, worauf das Kind, dem gerade nichts einfällt, stolz sein kann. Tatsächlich hat es Trainings gegeben, bei denen nach mehreren Durchgängen des „Ich bin stolz"-Rundblitzes über verschiedene Sitzungen hinweg letztendlich alle Kinder gepasst haben, um zu erfahren, was die anderen Kinder über sie denken. Man kann diese Variante gegebenenfalls auch gezielt zusätzlich einführen.

Die Erfahrungen mit dem Training haben weiterhin gezeigt, dass der Begriff „stolz" bei einigen Kindern negativ konnotiert ist. Weiterhin legt er es manchen Kindern nahe, eher auf Gegenstände zu fokussieren, auf die sie stolz sind (z.B. eine neue Spielekonsole) und weniger auf eigene Kompetenzen, Leistungen oder Eigenschaften. Um dies zu vermeiden, kann eine alternative Formulierung der „Ich finde an mir gut"-Rundblitz sein.

Wichtig ist vor allem die mehrmalige Durchführung über verschiedene Sitzungen hinweg, um eine Bahnung positiver selbstbezogener Gedanken zu erreichen.

Zweite Doppelstunde: Gefühle raten

Zu der Übung „Gefühle raten" gibt es eine Vielzahl an Alternativen. Hingewiesen werden soll an dieser Stelle auf eine spielerische Variante, die gegebenenfalls (wenn die Zeit es zulässt) ergänzend durchgeführt werden kann. Es handelt sich um eine Form des „Menschenmemory". Diese Übung kann im Stuhlkreis durchgeführt werden. Zwei Kinder verlassen den Raum und die übrigen Kinder bilden Zweierpärchen. Die Zweierpärchen vereinbaren jeweils ein Gefühl, dass beide mithilfe von Mimik und Gestik darstellen. Der Trainingsleiter sollte dabei etwas Hilfestellung bieten bei der Wahl der Gefühle und der Art der gemeinsamen Darstellung. Wichtig ist dabei, dass sich die mimische und gestische Darstellung der einzelnen Pärchen voneinander unterscheidet. Sobald die Art der Darstellung geklärt ist, kommen die zwei Kinder wieder in den Raum. Sie dürfen nun abwechselnd zwei Kinder aufrufen, die ihr Gefühl darstellen. Wenn ein Pärchen gefunden ist, stellt es sich hinter das ratende Kind. Gewonnen hat, wer am Ende die meisten Pärchen hinter sich vereinigt hat.

Auch bei dem bereits beschriebenen Spiel „Die Maske" (s. Kapitel 4.9) bietet es sich an, einen Bezug zum Ausdruck und zur Wahrnehmung von Gefühlen herzustellen. Anstelle einer nicht näher beschriebenen „Grimasse" könnten auch mimische Gefühlsausdrücke in diesem Spiel weitergegeben werden.

Eine weitere Option besteht darin, den Raum in Zonen einzuteilen, die für bestimmte Gefühle stehen. Die Kinder durchschreiten die verschiedenen Zonen und zeigen das entsprechende Gefühl. Dies kann auch mit einem Ratespiel verbunden werden. Dazu muss zunächst ein Kind den Raum verlassen. Danach wird der Raum in Zonen aufgeteilt, die für bestimmte Gefühle stehen. Wenn das ratende Kind wieder hereingekommen ist, läuft die Gruppe von Zone zu Zone und zeigt das entsprechende Gefühl, das erraten werden muss. Das Kind kann zusätzlich auch mitteilen, woran es das Gefühl erraten hat.

Dritte Doppelstunde: Steckbrief Stress

In der dritten Doppelstunde geht es um die Identifikation von individuellen Stressauslösern. Ergänzend dazu kann eine Übung durchgeführt werden, die verdeutlicht, dass jedes Kind andere Situationen als stressauslösend empfindet. Dazu können einzelne Stressoren (eventuell aus den Steckbriefen) vorgelesen werden. Die Kinder sollen sich dann auf einer Skala, die von einer Ecke des Raumes bis zur anderen Ecke des Raumes reicht, aufstellen und dadurch verdeutlichen, wie stark sie selbst die Situation als stresserzeugend erleben. Im Anschluss kann gefragt werden, wie es zu den unterschiedlichen Bewertungen derselben Situation kommt und was die Kinder anders machen, die weniger Stress erleben. Dies kann mit mehreren potenziell stressauslösenden Situationen wiederholt werden. Dadurch soll deutlich werden, wie unterschiedlich identische Situationen erlebt werden, und es können Strategien thematisiert werden, um weniger Stress in solchen Situationen zu erleben.

Zweite und dritte Doppelstunde: Tagebuch

Eine sinnvolle ergänzende Übung zur zweiten und dritten Doppelstunde kann darin bestehen, dass die Kinder über einige Tage hinweg (z.B. bis zur nächsten Sitzung) ein Tagebuch führen, in dem sie erlebte Gefühle und mögliche Körperreaktionen eintragen, Stresssituationen, die aufgetreten sind und die Intensität des Stresserlebens. In der darauffolgenden Sitzung kann dann ausgewertet werden, ob es Zusammenhänge zwischen Stresserleben und eigenem psychischen und physischen Befinden gibt. Wenn ein Kind Zusammenhänge darstellt, könnten auch die anderen Kinder Vorschläge machen, wie das Stresserleben reduziert werden kann.

Siebte Doppelstunde: Stressinduzierende Gedanken

Als Einstiegsübung zu dieser Thematik bietet sich die „Tannenzapfenübung" aus dem Emotionsregulationstraining von Heinrichs, Lohaus und Maxwill (2017) an. Diese Übung zeigt, wie sehr Gedanken die eigenen Empfindungen beeinflussen können. Für diese Übung sitzen die Kinder im Stuhlkreis und werden gebeten, es sich bequem zu machen und die Augen zu schließen. Danach sollen sie eines ihrer Beine etwas anheben und sich auf dieses Bein konzentrieren. Die Konzentration auf dieses Bein kann unterstützt werden, indem der Trainingsleiter die Kinder instruiert, darauf zu achten, wie sich das Bein anfühlt, ob es sich angenehm oder unangenehm anfühlt oder ob das Bein sich schwer anfühlt oder leicht. Nach 30 Sekunden (Zeit bitte stoppen) können die Kinder das Bein wieder abstellen.

Während sie die Augen weiter geschlossen halten, werden sie gebeten, eine Hand geöffnet hinzuhalten, damit etwas hineingelegt werden kann. Danach bekommt jedes Kind einen Gegenstand in die Hand gelegt. Bei Heinrichs, Lohaus und Maxwill (2017) ist dies ein Tannenzapfen, aber bewährt haben sich ebenso Walnüsse oder Haselnüsse (oder auch andere kleine Gegenstände). Die Kinder werden nun gebe-

ten, das andere Bein anzuheben und werden dann instruiert herauszufinden, welchen Gegenstand sie in der Hand halten. Sie können den Gegenstand betasten, ihn schütteln oder daran riechen. Nach weiteren 30 Sekunden (wieder stoppen) können sie das Bein wieder abstellen.

Es wird dann mit den Kindern zusammen ausgewertet, ob sich das angehobene Bein im ersten und zweiten Durchgang gleich oder unterschiedlich schwer bzw. unangenehmer angefühlt hat. Nach den bisherigen Erfahrungen mit dieser Übung berichtet der weit überwiegende Teil der Kinder, dass das Bein sich im zweiten Durchgang deutlich weniger unangenehm angefühlt hat. Es kann dann herausgearbeitet werden, dass es nur durch die Gedanken (bzw. die Ablenkung) zu einer Veränderung der Wahrnehmung gekommen ist. Dadurch wurde eine konkrete Erfahrung gemacht, an die im Anschluss mit der Rolle von Gedanken bei der Entstehung von Stress angeknüpft werden kann.

Kapitel 5
Trainingsevaluation

Das Stressbewältigungstraining „Bleib locker" ist das Ergebnis mehrerer Evaluationsstudien, die in diesem Kapitel vorgestellt werden. An die Evaluation des Trainingsprogramms schlossen sich Untersuchungen zur Wirksamkeit von Entspannungsverfahren bei Kindern an, die für die Gestaltung von Stressbewältigungstrainings im Kindesalter bedeutsam sein können und daher in einem eigenen Abschnitt vorgestellt werden. Am Ende dieses Kapitels werden aus den vorliegenden Evaluationsergebnissen Konsequenzen für die Gestaltung effektiver Stressbewältigungstrainings für Kinder abgeleitet.

5.1 Evaluation des Stresspräventionstrainings „Bleib locker"

In einer ersten Evaluationsstudie (Dirks et al., 1994) wurden die Effekte eines kürzeren Stressbewältigungsprogramms untersucht, das über vier Doppelstunden in zwei Grundschulklassen durchgeführt wurde, während zwei andere Klassen als Kontrollgruppen ohne Programmeinsatz dienten.

Die wesentlichen Ziele des Kurzprogramms bestanden (a) in der Vermittlung eines anschaulichen Stressmodells (in Form einer Stresswaage), (b) im Kennenlernen, Erproben und Bewerten neuer Bewältigungsstrategien und (c) im Erlernen einer Entspannungstechnik (der Progressiven Muskelrelaxation).

Erwartungsgemäß zeigte sich, dass das Training die Identifikation von Stresssymptomen erleichterte. Weiterhin konnten die Kinder nach dem Training deutlich mehr Stressbewältigungsstrategien benennen, wobei hier etwa die vierfache Höhe des Ausgangswertes erreicht wurde. Wenig Veränderungen ergaben sich dagegen beim physischen und psychischen Befinden der Schüler. Obwohl sich eine größere Zu-

friedenheit im Umgang mit einzelnen Situationen zeigte (insbesondere in der Hausaufgabensituation), fanden sich im Allgemeinen wenig Befindlichkeitsverbesserungen.

Ein möglicher Grund für die geringen Veränderungen im Erleben und Befinden der Kinder kann darin liegen, dass ein Programm mit vier Doppelstunden nicht umfangreich genug ist, um Effekte im stressbezogenen Verhalten und Erleben zu erzielen. Eine andere Ursache könnte die Gruppengröße sein, die mit Interventionen in Schulklassen verbunden ist. Dies führt beispielsweise zu dem Effekt, dass nicht alle Schüler aktiv an den Rollenspielübungen teilnehmen und neues Verhalten erproben können. Weiterhin fehlte in dem Interventionsprogramm eine Einbindung der Eltern, die einen wesentlichen Einfluss auf das Stresserleben ihrer Kinder haben und dazu beitragen können, dass sich die Wirkung einzelner Programmelemente verstärkt. Da in der Evaluation lediglich Effekte des Gesamtprogramms überprüft wurden, bleibt zudem offen, welche spezifischen Programmelemente (wie Wissensvermittlung, Entspannungsübungen oder Rollenspiele) in besonderem Maße zur Programmwirkung beitragen können.

Diese kritischen Überlegungen waren der Anlass zu einigen gezielten Modifikationen des Interventionsprogramms, die in einer zweiten Evaluationsstudie untersucht wurden. Die Veränderungen bezogen sich vor allem auf die folgenden Punkte:
- Ausdehnung des Interventionsprogramms auf acht Sitzungen mit jeweils 90 Minuten,
- Reduktion der Gruppengröße auf 8 bis 12 Teilnehmer als Kursangebot im Rahmen der Individualprävention,
- systematische Variation von Programmelementen,
- Einbezug der Eltern in drei zusätzlichen Sitzungen (Elternabende) sowie
- Erhebung möglicher Langzeiteffekte durch eine Nachbefragung nach sechs Monaten.

An der zweiten Evaluationsstudie, die von der Techniker Krankenkasse im Rahmen eines Modellprojektes gefördert wurde, nahmen 170 Kinder (71 Mädchen und 99 Jungen) des dritten und vierten Schuljahres teil. Das Stressbewältigungstraining wurde für die Kinder als Kursangebot nachmittags außerhalb des Schulunterrichts im Rahmen der Individualprävention von der Techniker Krankenkasse angeboten. Trainingsleiter waren zwei Diplom-Psychologinnen und zwei Diplom-Psychologen mit jeweils einem Trainingsleiter je Training. Die Trainings wurden in den Gruppenräumen der Geschäftsstellen der Techniker Krankenkasse in Bielefeld, Bochum, Dortmund, Essen, Gladbeck, Hagen, Hamm, Köln und Oberhausen durchgeführt.

Programmbeschreibung

Das Stressbewältigungstraining wurde in vier verschiedenen Varianten angeboten, um dadurch die Wirkung einzelner Trainingselemente evaluieren zu können. Alle Trainingsvarianten basieren auf einem gemeinsamen Grundkonzept mit vier Bausteinen: (1) Kennenlernen eines Stressmodells (auch hier in Form der Stresswaage), (2) Wahrnehmung eigener Stressreaktionen, (3) Erkennen von Stresssituationen und (4) Einsatz von Bewältigungsstrategien. Dabei werden die folgenden Stressbewältigungsstrategien thematisiert:
a) Sich über eigenes Stresserleben mitteilen,
b) Einplanen von Ruhepausen,
c) Spielen und Spaß haben,
d) Kognitive Strategien der Stressbewältigung.

Die Unterschiede zwischen den Trainingsvarianten lagen in der Akzentuierung verschiedener Schwerpunkte (Vermittlung überwiegend palliativer versus instrumenteller Bewältigungsstrategien) sowie in der Wahl unterschiedlicher Vermittlungsmethoden (vorwiegend kognitiv versus verhaltensorientiert). Im Wissenstraining wurde dazu vorrangig Wissen über Stressentstehung und Stressprävention vermittelt. Auch in den drei übrigen Programmvarianten wurde ein Basiswissen über verschiedene Aspekte des Stressgeschehens erarbeitet. Das Entspannungstraining rückte darüber hinaus die Erprobung und Bewertung der Progressiven Muskelrelaxation in den Mittelpunkt, wobei die Auswahl dieser Entspannungstechnik mit der leichten Erlernbarkeit auch durch jüngere Kinder begründet ist. Im Problemlösetraining stand der Erwerb von Problemlösefähigkeiten im Vordergrund (hauptsächlich unter Verwendung von Rollenspieltechniken und verhaltensbezogenen Hausaufgaben). Das Kombinationstraining war aus den zentralen Elementen der anderen Trainingsvarianten zusammengesetzt.

Jedes Training erstreckte sich über acht Doppelstunden in wöchentlichem Abstand. Bei der Hälfte der Programmdurchführungen wurden die Eltern mitbeteiligt, um den zusätzlichen Effekt des Einbezugs der Eltern erfassen zu können. In den drei Elternabenden der Bedingungen mit Elternbeteiligung wurde eine vereinfachte Form des transaktionalen Stressmodells vorgestellt, und es wurde über Aspekte des Stressgeschehens bei Kindern referiert. Weiterhin wurden Möglichkeiten vorgestellt und diskutiert, wie Eltern ihre Kinder bei einer effektiven Stressbewältigung unterstützen können.

Untersuchungsdesign

Zur Überprüfung von Trainingseffekten wurde ein quasiexperimentelles Wartekontrollgruppendesign gewählt. Tabelle 2 gibt einen Überblick zum Untersuchungsdesign mit den Untersuchungsbedingungen und Stichprobengrößen, wobei jeder Untersuchungsbedingung zwei Trainingsgruppen entsprechen. Die Wartekontrollgruppen wurden an Orten realisiert, an denen so viele Anmeldungen zu den Trainings vorlagen, dass die Kinder zufällig auf Trainings- und Kontrollgruppen verteilt werden konnten.

Tabelle 2: Überblick zum Untersuchungsdesign ($N_{Ges} = 170$)

Untersuchungsbedingungen	Elternbeteiligung	
	Ja	Nein
Wissenstraining	$n = 15$	$n = 19$
Problemlösetraining	$n = 20$	$n = 18$
Entspannungstraining	$n = 21$	$n = 18$
Kombinationstraining	$n = 18$	$n = 19$
Wartekontrollgruppe	$n = 22$	

Um die Programmwirkungen überprüfen zu können, wurden in allen Bedingungen schriftliche Prä- und Posttests eingesetzt. Die Vorbefragung fand unmittelbar vor Trainingsbeginn, die Nachbefragung eine Woche sowie sechs Monate nach Trainingsende statt. Neben den Kindern wurde jeweils ein Elternteil postalisch befragt. Die Trainingsleiter füllten jeweils nach Ende einer Trainingssitzung vorstrukturierte Protokolle aus.

Evaluationskriterien

Bei der Definition der Evaluationskriterien wurde sowohl die präventive als auch die korrektive Zielsetzung des Interventionsprogramms berücksichtigt. Für eine Vorbereitung auf zukünftige Stresssituationen ist (a) eine differenziertere Wahrnehmung des eigenen Stresserlebens sowie (b) die Verfügbarkeit eines breiteren Spektrums möglicher Stressbewältigungsstrategien von Bedeutung. Beide Evaluationskriterien wurden in den Erhebungen berücksichtigt.

Weitere Kriterien zur Evaluation der aktuellen Stressbewältigung bezogen sich auf (c) eine positive Veränderung im Stresserleben der Teilnehmer und (d) eine Veränderung des Verhaltens in Belastungssituationen. Als weiteres Kriterium wurde (e) die Bewertung der Trainings durch die teilnehmenden Kinder und ihre Eltern einbezogen. Die fünf Evaluationskriterien wurden mit Fragebögen für die Kinder und ihre Eltern erhoben.

Evaluationsinstrumente

Für die Kinder wurde ein Fragebogen zusammengestellt, der sich aus den folgenden Elementen zusammensetzt:

- SSK-Fragebogen für Kinder (Lohaus et al., 1996) mit den Skalen „Ausmaß des aktuellen Stresserlebens", „Art und Umfang der eingesetzten Bewältigungsstrategien" und „Ausmaß der aktuellen physischen Stresssymptomatik",
- KINDL-Fragebogen zur gesundheitsbezogenen Lebensqualität von Kindern (Bullinger, von Mackensen & Kirchberger, 1994),
- Fragen zum Wissen über Stresssymptome und Stressbewältigungsstrategien sowie
- nur in den Posttests: Fragen zur Bewertung des Trainings.

Der Fragebogen für die Eltern hatte die folgenden Bestandteile:
- Fremdeinschätzung auf den SSK-Fragebogenskalen,
- Skala „Vegetative Labilität" des HAVEL (Wagner, 1981) sowie
- nur in den Posttests: Fragen zur Bewertung des Trainings.

Darüber hinaus wurde für die Trainingsleiter ein strukturierter Protokollbogen für die einzelnen Trainingssitzungen entwickelt.

Ergebnisse

Im Folgenden werden einige zentrale Ergebnisse zu den dargestellten Evaluationskriterien zusammengefasst. In die Auswertung gingen die Daten von 163 Kindern ein. Sieben Kinder, die nicht regelmäßig an den Trainingssitzungen teilnahmen, wurden aus der Auswertung ausgeschlossen. Der Rücklauf der Elternfragebögen erreichte in der ersten postalischen Nachbefragung mit 135 Bögen eine Quote von 82.8 %, in der zweiten Nachbefragung (Follow up) mit 117 Bögen eine Quote von 71.8 %.

Zur Auswertung möglicher Effekte wurden zweifache Varianzanalysen mit Messwiederholung gerechnet, wodurch mögliche Vortestunterschiede berücksichtigt werden. Auf Grund des unvollständigen Designs (die Elternbeteiligung wurde in der Wartekontrollgruppe nicht variiert) erfolgten die Berechnungen für den Effekt der vier Trainingsvarianten und für den Effekt der Elternbeteiligung in getrennten Varianzanalysen.

Differenziertere Wahrnehmung des eigenen Stresserlebens

Zur Prüfung der Frage einer differenzierteren Wahrnehmung des Stresserlebens wurde analysiert, ob die Kinder nach der Programmdurchführung einen größeren Umfang potenzieller Stressmerkmale benennen können. Hierbei zeigt sich eine signifikante Interaktion zwischen den drei Messzeitpunkten und den Trainingsvarianten ($p < .05$). Bezogen auf die Posttest-Befragung finden sich die stärksten Zuwächse im Problemlösetraining und dem Entspannungstraining. Diese Effekte bleiben in ähnlicher Weise auch längerfristig bestehen. Die Variation der Elternbeteiligung hatte hier keinen Effekt.

Verfügbarkeit eines breiteren Spektrums möglicher Stressbewältigungsstrategien

Bei der Analyse der von den Kindern vor und nach dem Training genannten potenziellen Stressbewältigungsstrategien zeigte sich ein signifikanter Interaktionseffekt zwischen den Messzeitpunkten und den Trainingsvarianten ($p < .001$). Der Zuwachs des Kenntnisstandes war in der Posttest-Befragung beim Wissenstraining am höchsten, gefolgt vom Kombinationstraining, dem Problemlösetraining und dem Entspannungstraining. Über einen Zeitraum von sechs Monaten betrachtet veränderte sich die Rangreihe, indem sich die Wissenszuwächse beim Kombinationstraining als besonders stabil erwiesen, gefolgt vom Wissenstraining und den anderen beiden Trainingsvarianten. Hinsichtlich der Variation der Elternbeteiligung fanden sich keine Effekte.

Positive Veränderung im Stresserleben der Teilnehmer

Durch die Trainingsteilnahme sollte das Stresserleben der Kinder abnehmen. Weiterhin sollte sich die Häufigkeit typischer Stresssymptome verringern und somit das körperliche und physische Wohlbefinden steigern. Auf der Skala „Ausmaß des aktuellen Stresserlebens" des SSK-Fragebogens zeigten sich sowohl in den Kindereinschätzungen ($p<.001$) als auch in den Fremdeinschätzungen durch die Eltern ($p<.05$) signifikante Interaktionen zwischen den Messzeitpunkten und den Trainingsvarianten. Bei den Kindereinschätzungen ergaben sich dabei die stärksten Verbesserungen beim Problemlösetraining, gefolgt vom Entspannungstraining, dem Kombinationstraining und dem Wissenstraining. In den Elterneinschätzungen fanden sich ebenfalls die günstigsten Evaluationsergebnisse beim Problemlösetraining, gefolgt vom Kombinationstraining, vom Wissenstraining und dem Entspannungstraining. Die Einschätzungen sowohl der Kinder als auch der Eltern wiesen auf eine weitere Zunahme der Verbesserungen in dem Zeitraum von der ersten Nachbefragung bis zur Follow-up-Befragung nach sechs Monaten hin, wobei sich hierbei keine wesentlichen Veränderungen zwischen den Trainingsvarianten ergaben.

Beim Ausmaß der aktuellen physischen Stresssymptomatik (SSK-Fragebogen) zeigte sich ebenfalls ein signifikanter Interaktionseffekt ($p<.001$) zwischen den Messzeitpunkten und den Trainingsvarianten. Die deutlichsten Verbesserungen zur Posttestbefragung ergaben sich hier im Wissenstraining gefolgt vom Kombinationstraining, dem Problemlösetraining und dem Entspannungstraining. Langfristig erwiesen sich dabei die Veränderungen im Problemlösetraining als besonders stabil, während die Effekte über einen Zeitraum von sechs Monaten in den anderen Trainingsbedingungen geringer ausfielen. In den Fremdeinschätzungen durch die Eltern, erhoben mit der Skala zur psychovegetativen Labilität des HAVEL-Fragebogens, fand sich ebenfalls ein Interaktionseffekt ($p<.05$). Hier ergab sich eine besonders positive (auch längerfristige) Entwicklung bei den Teilnehmern des Problemlösetrainings, während das Entspannungstraining die ungünstigen Veränderungswerte aufwies. Bei den Skalen des KINDL-Fragebogens gab es keine Interaktionseffekte. Die Variation der Elternbeteiligung hatte auf keiner der Skalen zum Stresserleben einen Effekt.

Veränderung des Verhaltens in Belastungssituationen

Bei den von den Kindern eingesetzten Stressbewältigungsstrategien, gemessen mit der Skala „Art und Umfang der eingesetzten Bewältigungsstrategien" des SSK-Fragebogens, fanden sich ein signifikanter Interaktionseffekt ($p<.05$) in der Subskala „Emotionsregulierende Strategien". Diese Skala setzt sich aus Items zusammen, die überwiegend destruktive Stressbewältigungsstrategien umfassen (wie Dampf ablassen, aus Wut etwas zerstören etc.). Insgesamt ließ sich eine Abnahme des Einsatzes derartiger Strategien nach der Interventionsteilnahme registrieren, wobei die stärkste Abnahme im Problemlösetraining erfolgte, gefolgt vom Entspannungstraining, dem Kombinationstraining und dem Wissenstraining. Die Effekte blieben längerfristig bestehen, wobei auch die Rangreihe zwischen den Trainingsvarianten erhalten blieb. Bei der Subskala „Problemlösendes Handeln" ergab sich mit $p=.076$ tendenziell eine Interaktion zwischen den Trainingsvarianten und den Messzeitpunkten. Obwohl zunächst unmittelbar nach dem Training bei fast allen Trainingsvarianten eine Abnahme des Einsatzes von Strategien zur aktiven Problemlösung zu verzeichnen ist, zeigten sich längerfristig in dem Zeitraum bis zur Follow-up-Befragung Zunahmen beim Problemlösetraining und beim Kombinationstraining, während in der Wissens- und in der Entspannungsbedingung keine bzw. nur geringfügige Zunahmen zu erkennen waren. Bei der Subskala „Soziale Unterstützung" zeigten sich keine Interventionseffekte. Dies gilt ebenso für die Fremdeinschätzungen der Eltern auf den drei Subskalen zur Art und zum Umfang der eingesetzten Bewältigungsstrategien des SSK-Fragebogens. Auch bezüglich der Variation der Elternbeteiligung waren keine signifikanten Effekte festzustellen.

Bewertung der Trainings durch Kinder und Eltern

80 % der Kinder gaben an, die Teilnahme an den Trainings habe ihnen sehr viel oder viel Spaß gemacht. Übereinstimmend dazu sagten 70 % der Eltern, dass ihr Kind selten oder nie geäußert habe, keine Lust zu haben, an dem Interventionsprogramm teilzunehmen. Um eine Gesamteinschätzung der Trainingserfolge im Posttest unmittelbar nach Trainingsabschluss gebeten, urteilten 55 % der Eltern, das

Wohlbefinden ihrer Kinder sei viel besser oder eher besser geworden, 44 % meinten, es sei gleichgeblieben und 1 % gaben an, das Wohlbefinden ihrer Kinder habe sich eher verschlechtert. Darüber hinaus sahen 62 % der Eltern eine Verbesserung ihrer Kinder im Umgang mit Stresssituationen, 1 % eine Verschlechterung. Die Gesamteinschätzung der Trainingserfolge fiel sechs Monate nach Trainingsende noch positiver aus: Hier gaben 58 % der Eltern an, dass das Wohlbefinden des Kindes nun eher besser oder viel besser ist. Verbesserungen ihres Kindes im Umgang mit Stresssituationen sahen nun 66 % der Eltern. Zusammenfassend gelangten 79 % der Eltern zu dem Schluss, ihr Kind noch einmal zu einem solchen Training anmelden zu wollen, wenn ihnen die Möglichkeit dazu gegeben würde, 3 % würden ihr Kind nicht noch einmal anmelden und 18 % sind hier unentschlossen.

Es gab keine wesentlichen Unterschiede zwischen den Trainingsvarianten und hinsichtlich der Variation der Elternbeteiligung bei dieser Einschätzung. Die einzige Ausnahme war ein Unterschied zwischen den Trainingsvarianten bei der Frage, wie viel Spaß die Intervention den Kindern gemacht hätte, in der Follow-up-Erhebung. Hier fanden sich die günstigsten Bewertungen beim Problemlösetraining, gefolgt vom Kombinationstraining, dem Wissenstraining und dem Entspannungstraining.

Fazit

Neben Wissensverbesserungen zu verschiedenen Aspekten des Stressgeschehens, die sich schon in der Evaluation des ursprünglich entwickelten Präventionsprogramms zeigten, konnten in der zweiten Evaluationsstudie auch positive Auswirkungen auf das Stresserleben der Kinder nachgewiesen werden. Die Effekte blieben längerfristig bestehen, teilweise verstärken sie sich sogar noch. Dabei unterschied sich das Ausmaß der Effekte zwischen den realisierten Trainingsvarianten. Über die verschiedenen Effektkriterien hinweg zeigten das Problemlösetraining und das Kombinationstraining die stärksten Effekte, gefolgt vom Wissenstraining. Die Veränderungen beim Entspannungstraining sind insgesamt am geringsten.

Es liegt nahe, dass die positiven Effekte des Problemlöse- und des Kombinationstrainings auf die Schwerpunktsetzung dieser Trainingsvarianten zurückzuführen sind. Die Erprobung und Bewertung neuer Stressbewältigungsstrategien in Rollenspielen und verhaltensbezogenen Hausaufgaben könnte schon kurzfristig zu einem verbesserten Umgang mit stressauslösenden Situationen führen, weil Veränderungen von den Kindern unmittelbar erlebbar sind und auch das soziale Umfeld involviert wird (beispielsweise durch die Mitteilung eigenen Stresserlebens an die Eltern oder Lehrer, die dadurch ihrerseits zu Verhaltensänderungen veranlasst werden können). Eine unterstützende Beteiligung des sozialen Umfeldes an Veränderungsprozessen kann zu einer Stabilisierung und Ausweitung positiver Trainingseffekte beitragen.

Wider Erwarten führte die Einbindung der Eltern in das Präventionsprogramm zu keinen messbaren Effekten. Unabhängig davon wird sie von vielen Eltern gewünscht. Der Kontakt des Trainingsleiters mit den Eltern bietet darüber hinaus die Möglichkeit, das Stresserleben des Kindes auch im familiären Kontext zu betrachten und den Eltern weitere Hilfsangebote anzubieten, wenn in Einzelfällen die Teilnahme an einem Stresspräventionsprogramm für unzureichend erachtet wird. Weiterhin bietet ein Elternabend am Beginn des Trainings die Möglichkeit, die Eltern mit einzelnen Programmelementen im Vorfeld vertraut zu machen.

Obwohl die Stresspräventionsprogramme in der Freizeit der Kinder stattfanden, scheinen sie nicht als zusätzliche Belastung erlebt zu werden. Das zeigt die zusammenfassend sehr positive Bewertung der Trainings durch die Kinder. Gleichzeitig werden die Effekte von den Eltern als so positiv eingeschätzt, dass sie bereit wären, ihre Kinder erneut an einem gleichartigen Interventionsprogramm teilnehmen zu lassen.

5.2 Ergebnisse neuerer Evaluationsstudien

In einer Studie, die im Rahmen mehrerer Abschlussarbeiten an der Universität Bielefeld durchgeführt wurde, wurde das klassische „Bleib locker"-Training mit einer achtsamkeitsbasierten Trainingsvariante verglichen. Dazu wurden die Übungen zur Progressiven Muskelrelaxation aus der klassischen Trainingsvariante gegen Achtsamkeitsübungen ausgetauscht. Beide Trainingsvarianten wurden im Schulsetting durchgeführt, wobei insgesamt 121 Grundschulkinder im Alter von 8 bis 11 Jahren (Dritt- und Viertklässler) aus drei Grundschulen an der Evaluationsstudie teilnahmen. Neben den beiden Trainingsvarianten wurde weiterhin eine Kontrollgruppe ohne Training realisiert. Zur Erhebung von Stresserleben, Stressbewältigung und Stresssymptomatik kam der Fragebogen zur Erhebung von Stress und Stressbewältigung im Kindes- und Jugendalter – Revision (SSKJ 3–8-R; Lohaus et al., 2018) vor und nach dem Training zum Einsatz. Nach Trainingsende wurden Fragen zur Bewertung des Trainings gestellt. Die Erhebungen fanden nicht nur bei den Kindern, sondern auch bei ihren Eltern statt, wobei die Elternstichprobe ($n=74$) deutlich kleiner war als die Kinderstichprobe. Die Ergebnisse weisen insbesondere bei der Stressvulnerabilität im Elternurteil auf signifikante Trainingseffekte hin, wobei dieser Effekt sich auf den Vergleich beider Trainingsgruppen mit der Kontrollgruppe bezieht. Unterschiede zwischen den beiden Trainingsvarianten ergaben sich nicht. Es ließ sich weiterhin zeigen, dass die Bewertung und Akzeptanz durch die Kinder und ihre Eltern sehr hoch war. Die Ergebnisse belegen damit, dass sich mit dem Training offenbar signifikante Trainingserfolge erzielen lassen, wobei es unerheblich zu sein scheint, ob Entspannungs- oder Achtsamkeitsübungen integriert sind. Die achtsamkeitsbasierte Trainingsvariante zeigte keinen Zugewinn bei den Effekten im Vergleich zu einer klassischen Trainingsvariante mit Einbezug der Progressiven Muskelrelaxation.

Eine weitere Studie, die ebenfalls im Rahmen mehrerer Abschlussarbeiten an der Universität Bielefeld erstellt wurde, fand ebenfalls im Schulsetting statt. An der Studie nahmen insgesamt 120 Kinder der dritten und vierten Grundschulklasse teil. Bei etwa der Hälfte der Kinder wurde das Training von externen Trainern (Studierenden) durchgeführt, bei der anderen Hälfte von den jeweiligen Lehrern. Es wurde weiterhin unterteilt in Kinder, die an Booster Sessions zur Auffrischung der Trainingsinhalte teilnahmen, und Kinder, die keine Booster Sessions erhielten (jeweils die Hälfte der Kinder mit Studierenden versus Lehrern als Trainern). Zentrales Instrument zur Erfassung der Trainingseffekte war auch hier der Fragebogen zur Erhebung von Stress und Stressbewältigung im Kindes- und Jugendalter – Revision (SSKJ 3–8-R; Lohaus et al., 2018). Es fanden Erhebungen vor dem Training, unmittelbar nach dem Training sowie ca. zwei Monate nach dem Training statt. Die Follow-up-Erhebungen dienten nicht nur dem Zweck, Langzeiteffekte zu erfassen, sondern waren auch notwendig, um potenzielle Effekte der Booster Sessions dokumentieren zu können. Auch in dieser Studie zeigten sich deutliche Verbesserungen bei der Stressvulnerabilität, die bereits zwischen der Prä- und Postmessung erkennbar waren und zum dritten Messzeitpunkt die Signifikanzgrenze überschritten. Hierbei zeigte sich allerdings ein signifikanter Interaktionseffekt in Abhängigkeit davon, wer das Training durchgeführt hatte (Studierende versus Lehrer). Die Verbesserung hinsichtlich der Stressvulnerabilität zeigte sich nur bei den externen Trainern (Studierenden), während sie bei den Lehrkräften nicht zutage trat.

Weitere Trainingseffekte, die bis zur Follow-up-Erhebung erkennbar blieben, zeigten sich nicht. Daran konnten offenbar auch die Booster Sessions nichts ändern, wobei allerdings zu bedenken ist, dass die Stichproben in dieser Studie insgesamt eher klein waren, sodass die statistische Power wahrscheinlich nicht hinreichend war, um potenzielle Effekte aufzudecken. Insgesamt belegen die Ergebnisse ein weiteres Mal den positiven Effekt des Trainings auf die Stressvulnerabilität, wenn das Training – wie in der klassischen Version vorgesehen – von externen Trainern durchgeführt wird. Da die Unterschiede zwischen den Trainingsdurchführungen durch externe Trainer und Lehrkräfte insgesamt gering waren, spricht grundsätzlich nichts dagegen, wenn Trainingselemente unmittelbar durch Lehrkräfte in den Unterricht integriert werden.

Die Ergebnisse sind damit weitgehend konsistent mit früheren Evaluationsstudien. Die Rolle der Booster Sessions erfordert sicherlich weitere Studien, wobei denkbar wäre, dass das Aufrechterhalten von Trainingsinhalten gut auch von Lehrkräften, die mit den Trainingsinhalten vertraut sind, übernommen werden kann.[2]

5.3 Wirksamkeit von Entspannungsverfahren bei Kindern

Bemerkenswert sind die im Vergleich zu den anderen Varianten geringeren Effekte des Stressbewältigungstrainings in der Entspannungsvariante. Gerade in der zweiten Evaluationsstudie, die einen Vergleich mit anderen Trainingsvarianten vornahm, ergaben sich für die Entspannungsvariante weniger positive Evaluationsergebnisse. Auf der anderen Seite wird die Fähigkeit, sich zu entspannen, als eine zentrale Stressbewältigungsstrategie angesehen. Während die Wirkung von Entspannungstechniken in der klinischen Anwendung hinreichend belegt ist (einen Überblick hierzu gibt Noeker, 1996), konnte ein deutlicher Effekt in der Stressprävention in dieser vergleichenden Studie nicht nachgewiesen werden.

Zu diesen Befunden lassen sich mehrere mögliche Ursachen vermuten. Eine Fokussierung der Kinder auf Entspannung als Stressbewältigungsstrategie könnte

2   Für die Durchführung der Studien im Abschnitt 5.2 danken wir Hannah Jäckel, Inga Lobmeyer, Moritz Quelle, Sabrina Stock, Nicole Surmann, Theresa Tiemann, Sabrina Tödheide, Annika Weinrich und Anne Wiemers.

den Blick der Kinder auf instrumentelle Stressbewältigungsmöglichkeiten verstellen und sie somit an einer situationsangemessenen Stressbewältigung hindern. Eine andere Erklärung könnte sein, dass die Progressive Muskelrelaxation als körperorientiertes Verfahren die Wahrnehmung der Kinder für körperliche Symptome sensibilisiert hat. Möglicherweise hat sich dadurch das Antwortverhalten der Kinder zwischen den Messzeitpunkten geändert, was die Erhebung der tatsächlichen Auftretenshäufigkeit körperlicher Symptome verfälschen könnte. Schließlich könnte auch spekuliert werden, dass mit anderen Entspannungsverfahren bessere Wirkungen erzielt worden wären. Wegen der Beschränkung des Trainings auf die Progressive Muskelrelaxation kann diese Frage mit den Ergebnissen der Evaluationsstudie nicht beantwortet werden.

Der unbefriedigende Forschungsstand zur vergleichenden Evaluation unterschiedlicher Entspannungsverfahren für Kinder (vgl. Krampen, 1995) war der Grund, in einer weiteren Studie der Frage nach dem Nutzen und den Wirkungen von Entspannungsverfahren für Kinder nachzugehen (Klein-Heßling & Lohaus, 1999, 2002).

Kurzfristige Entspannungseffekte

Zur vergleichenden Untersuchung der Wirkungen unterschiedlicher Entspannungsverfahren im Rahmen der Primärprävention nahmen 721 Schülerinnen und Schüler der Klassen 3 bis 6 aus Bochumer und Dortmunder Schulen in Kleingruppen von jeweils vier bis sechs Kindern an einem Entspannungstraining im Umfang von fünf Sitzungen teil. Als Entspannungstrainings wurden (a) ein sensorisches, (b) ein imaginatives und (c) ein kombiniertes Entspannungsverfahren eingesetzt. Mit diesen Varianten sollten die grundlegenden Ansätze zur Verbesserung der Entspannungsfähigkeit von Kindern, die Progressive Muskelrelaxation, Fantasiegeschichten und das Autogene Training für Kinder (eine Übersicht geben Petermann und Petermann, 1993) berücksichtigt werden. In einer Kontrollbedingung hörten die Kinder „neutrale" Geschichten, die weder Spannung noch Entspannung induzieren sollten.

Um die Wirkungen und Effekte der Entspannungstrainings zu erheben, wurden sowohl Selbsteinschätzungen der Kinder (Stimmung und körperliche Befindlichkeit) als auch physiologische Parameter (Blutdruck, Puls und Körpertemperatur) erfasst. Neben diesen unmittelbar nach einer Entspannungsübung zu erwartenden Effekten sollten mit dem Einsatz des SSK-Fragebogens Auswirkungen der Trainings auf das Stresserleben, das Stressbewältigungsverhalten und die Stresssymptomatik der Kinder erhoben werden.

Mit den Trainings konnten im Ergebnis insbesondere kurzfristige Effekte erzielt werden (Lohaus & Klein-Heßling, 2000). Erwartungskonform konnte eine Senkung des systolischen Blutdrucks und der Pulsfrequenz sowie Verbesserungen der Stimmung und der körperlichen Befindlichkeit nachgewiesen werden. Unterschiede zwischen den systematischen Entspannungsverfahren und der Kontrollbedingung mit neutralen Geschichten gab es dabei kaum. Zudem gab es Hinweise auf eine mögliche differenzielle Indikation bei Fantasiegeschichten. Ältere Kinder profitierten von dieser Technik stärker als jüngere Kinder und ängstliche Kinder stärker als wenig ängstliche Kinder. In Bezug auf die Teilnahmemotivation zeigt sich schon während eines Trainingsumfanges von fünf Sitzungen ein deutlicher Rückgang.

Wichtige Hinweise über Zusammenhänge zwischen dem Verhalten der Kinder während der Entspannungsübungen und den Entspannungswirkungen brachte eine Auswertung von Beobachtungsprotokollen (Klein-Heßling & Lohaus, 1999). Dabei war bei Teilnehmern des kombinierten und des imaginativen Entspannungsverfahrens seltener Unruhe- und Störverhalten zu beobachten als bei den Kindern in den anderen Untersuchungsvarianten. Wenn sich Kinder unruhig oder störend verhielten, reduzierte dies ihre selbst wahrgenommenen Entspannungswirkungen, während sich auf der physiologischen Ebene dennoch eine Entspannungsreaktion zeigte. Umgekehrt wurde das selbstberichtete Entspannungserleben ruhiger Kinder in Gruppen mit viel Unruhe- und Störverhalten durch das Verhalten der anderen nicht beeinträchtigt. Die physiologischen Entspannungsreaktionen fielen bei diesen Kindern jedoch schwächer aus als bei ruhigen Kindern in ruhigen Gruppen.

Zusammenfassend belegen die Ergebnisse, dass bei Kindern mit unterschiedlichen Verfahren – auch mit unsystematischen Verfahren wie neutralen Geschichten – kurzfristig Entspannungsreaktionen erzeugt werden können. Auch wenn dabei in einer Gruppe etwas Unruhe auftritt, werden diese Wirkungen nicht maßgeblich beeinträchtigt.

Längerfristige Entspannungswirkungen

Die Studie lässt auch andere Erklärungen zu. So lässt sich einwenden, dass längerfristige Übungseffekte und damit Vorzüge systematischer Entspannungsverfahren erst nach längeren und intensiveren Trainings erreicht werden können. Dies wurde in einer Folgestudie geprüft, an der 160 Viert- und Sechstklässler teilnahmen (Klein-Heßling & Lohaus, 2002).

Untersucht wurden wieder vier Interventionen: Progressive Muskelrelaxation und Imagination isoliert und in Kombination sowie neutrale Geschichten als Kontrollbedingung. Jede Bedingung bestand aus mindestens fünf Sitzungen, die in wöchentlichem Abstand durchgeführt wurden. Die systematischen Entspannungstechniken (progressive Muskelrelaxation und Imagination) wurden ergänzend für die Hälfte der Kinder mit zehn Sitzungen angeboten. Variiert wurde neben der Anzahl der Sitzungen bei diesen Verfahren zudem die Intensität der Trainings. Während die Hälfte der Kinder ausschließlich in den Sitzungen übte, wurden die anderen Kinder angeleitet, die Entspannung täglich zu Hause zu üben und im Laufe des Trainings auch in Belastungssituationen in ihrem Alltag zu erproben.

Das wohl wichtigste Ergebnis ist, dass die Variation der Sitzungsanzahl und Trainingsintensivierung keine statistisch nachweisbaren Effekte hat. Weder ließen sich durch die Veränderungen der Trainingssitzungen bei den physiologischen Entspannungsparametern und der Stimmung zusätzliche Effekte erzielen, noch wirkte sich eine längere Trainingsdauer auf das Stresserleben, die Stresssymptomatik und das Stressbewältigungsverhalten der Kinder aus. In anderen Worten: Ob die Kinder zehn statt fünf Sitzungen lang trainiert wurden und ob sie zusätzlich zu Hause übten, wirkte sich nicht positiv aus. Die Vermittlung von Entspannungstechniken mit dem Ziel eines Transfers auf andere (stressinduzierende) Situationen ist somit im primärpräventiven Bereich wohl nur schwer zu erreichen. Weiterhin ließ sich auch hier feststellen, dass die Motivation vieler Kinder über die Sitzungen hinweg nachließ.

Aus den Ergebnissen der dargestellten Studien lässt sich folgern, dass zumindest in Bezug auf die Primärprävention stressbedingter Symptome die Nutzung problemorientierter Bewältigungsstrategien bei Schülern zur Belastungsbewältigung verbessert werden kann (wie die Studie zur Wirkung des Stressbewältigungstrainings gezeigt hat). Emotionsregulierende Bewältigungsstrategien (insbesondere Entspannungsverfahren) lassen sich einsetzen, um kurzzeitig positive Effekte zu erzielen, während eine systematische Nutzung von Entspannungsverfahren zur Stressbewältigung in der Regel erst in höheren Altersabschnitten (spätes Jugendalter und Erwachsenenalter) zu erwarten ist. In sekundärpräventiven Kontexten (z.B. bei der Krankheitsbewältigung) können die Ergebnisse, die sich mit Entspannungsverfahren erzielen lassen, allerdings positiver aussehen, da die Entspannungswirkungen für die betroffenen Kinder und Jugendlichen unmittelbarer erfahrbar sind.

Insgesamt ergibt sich bei Evaluationsstudien im primärpräventiven Bereich das Problem, dass hier interveniert wird, bevor gesundheitsbezogene Probleme manifest werden. Da im Vorfeld keine massiven gesundheitsbeeinträchtigenden Probleme vorliegen, lassen sich durch die Intervention vielfach keine großen Erfolge erzielen (anders als beispielsweise bei Kindern, die bereits ein spezifisches Störungsbild aufweisen). Hinzu kommt, dass dadurch auch ein Leidensdruck kaum vorhanden ist (und damit verbunden eine Motivation zur Verhaltensänderung). Messbare Effekte sind daher bei Interventionen mit einer primärpräventiven Zielsetzung nur schwer zu erreichen (s. Lohaus, Domsch & Klein-Heßling, 2017). Umso positiver ist es daher, dass bei dem hier vorliegenden Training in mehreren Evaluationsstudien messbare Effekte nachgewiesen werden konnten.

5.4 Konsequenzen aus den Evaluationsstudien

Aus den Ergebnissen der dargestellten Evaluationsstudien wurden zusammenfassend die folgenden Schlussfolgerungen gezogen:

Das Kombinationstraining wurde als künftig weiter zu verwendende Trainingsvariante gewählt, wobei auf der Basis der Ergebnisse aus den Evaluationsstudien die Problemlöseanteile erweitert und die Entspannungsanteile verringert wurden. Auf die Entspannungsanteile sollte nicht vollständig verzichtet werden, da einzelne Kinder durchaus von einem Entspannungsverfahren profitieren könnten und Entspannung in manchen Situationen die Stressbewältigungsstrategie der Wahl darstellen kann. Dies war der wesentliche Grund dafür, das Kombinationstraining und nicht das Problemlösetraining zur Weiterführung auszuwählen, wobei bewährte Teile des Problemlösetrainings zulasten von Entspannungsanteilen in das Kombinationstraining übernommen wurden. Wie die aktuellen Evaluationsstudien zeigen, können anstelle der Progressiven Muskelrelaxation auch Alternativen (wie beispielsweise die Integration von Achtsamkeitselementen) in Betracht kommen.

An einzelnen Punkten wurden aufgrund der Erfahrungen der Trainingsleiter Veränderungen vorgenommen. Hier dienten vor allem die Protokolle der Trainingsleiter als Basis. In die abschließende Interventionsvariante wurden nur Programmelemente übernommen, die sich zuvor in den Evaluationsstudien bewährt hatten.

Das im Kapitel 4 beschriebene Interventionsprogramm enthält die Programmelemente, die sich als Resultat des Evaluationsprozesses als besonders geeignet zur Weiterführung erwiesen haben und von denen eine hohe Wirksamkeit sowohl in primär- als auch in sekundärpräventiven Anwendungen vermutet werden kann. Für die am Entstehungshintergrund des Trainings oder an weiteren Informationen zur Evaluation interessierten Leser sei auf Klein-Heßling (1997) verwiesen.

Obwohl es keine deutlichen Effekte gab, wurde die Elternbeteiligung beibehalten. Sie wurde einerseits von den Eltern (vor allem in den Interventionen ohne Elternbeteiligung) häufig gewünscht und eröffnet andererseits die Möglichkeit für Gespräche zwischen Trainingsleiter und Eltern. Auch ist weiterhin eine unterstützende Wirkung bei einzelnen Kindern zu vermuten (wie auch verschiedenen Einzelrückmeldungen seitens der Eltern zu entnehmen ist). Um den Evaluationsergebnissen Rechnung zu tragen, wurde jedoch eine Reduktion von drei auf zwei begleitende Elternabende vorgenommen, die am Anfang und Ende des Interventionsprogrammes stattfinden. Zusätzlich ist (insbesondere bei einem Angebot des Trainings als Kursprogramm in der Individualprävention)

ein Informationsabend für Eltern vorgesehen, an dem die Eltern über die Ziele und Inhalte des Interventionsprogrammes informiert werden und über die Teilnahme ihres Kindes entscheiden können. Gleichzeitig lassen es die Befunde zu, Art und Umfang einer begleitenden Elternarbeit in Abhängigkeit vom Präventionskontext (Individualprävention versus Prävention im Setting Schule) zu variieren. Falls keine begleitende Elternarbeit möglich ist, sollten die Eltern zumindest schriftliche Informationen zu den Programminhalten bekommen.

Der Fragebogen zur Erhebung von Stresserleben und Stressbewältigung im Kindesalter (SSK) von Lohaus et al. (1996) hat sich als ein hinreichend sensibles Messinstrument zur Erfassung von Veränderungen bei der Stressbelastung von Kindern erwiesen. Er wird daher als geeignetes Instrument zur Effektkontrolle im Rahmen zukünftiger Trainings empfohlen, wobei es hierzu mit dem SSKJ 3–8-R (Lohaus et al., 2018) inzwischen eine überarbeitete Fassung in dritter Auflage gibt. Damit steht dem Trainer ein Mittel zur Verfügung, durch eine Befragung am Anfang und am Ende des Trainings selbst eine Effektkontrolle durchzuführen und damit zur weiteren Qualitätssicherung beizutragen.

Literatur

Achenbach, T. M. (1991). *Manual of the Child Behavior Checklist/4–18 and 1991 profile*. Burlington, VT: University of Vermont, Department of Psychiatry.

Asselmann, E., Wittchen, H.-U., Lieb, R. & Beesdo-Baum, K. (2017). A 10-year prospective-longitudinal study of daily hassles and incident psychopathology among adolescents and young adults: interactions with gender, perceived coping efficacy, and negative life events. *Social Psychiatry and Psychiatric Epidemiology, 52,* 1353–1362. https://doi.org/10.1007/s00127-017-1436-3

Barkmann, C., Braehler, E., Schulte-Markwort, M. & Richterich, A. (2010). Chronic somatic complaints in adolescents: prevalence, predictive validity of the parent reports, and associations with social class, health status, and psychosocial distress. *Social Psychiatry and Psychiatric Epidemiology, 46,* 1003–1011. https://doi.org/10.1007/s00127-010-0273-4

Beisenkamp, A., Müthing, K., Hallmann, S. & Klöckner, C. A. (2012). *Elefanten-Kindergesundheitsstudie 2011.* Verfügbar unter http://mb.cision.com/Public/3295/9337091/939cc288af986d17.pdf [21.06.2019].

Beyer, A. & Lohaus, A. (2018). *Stressbewältigung im Jugendalter. Ein Trainingsprogramm* (2., überarb. Aufl.). Göttingen: Hogrefe. https://doi.org/10.1026/02858-000

Bisegger, C., Cloetta, B. & Europäische Kidscreengruppe (2005). *Kidscreen: Fragebogen zur Erfassung der gesundheitsbezogenen Lebensqualität von Kindern und Jugendlichen. Manual der deutschsprachigen Versionen für die Schweiz.* Bern: Abteilung für Gesundheitsforschung des Instituts für Sozial- und Präventivmedizin der Universität.

Bougea, A., Spantideas, N. & Chrousos, G. P. (2018). Stress management for headaches in children and adolescents: A review and practical recommendations for health promotion programs and well-being. *Journal of Child Health Care, 22,* 19–33. https://doi.org/10.1177/1367493517738123

Bullinger, M., von Mackensen, S. & Kirchberger, I. (1994). KINDL - ein Fragebogen zur Erfassung der gesundheitsbezogenen Lebensqualität von Kindern. *Zeitschrift für Gesundheitspsychologie, 2,* 64–77.

Burg, J. M. & Michalak, J. (2012). Achtsamkeit, Selbstwert und Selbstwertstabilität. *Zeitschrift für Klinische Psychologie und Psychotherapie, 41,* 1–8. https://doi.org/10.1026/1616-3443/a000111

Burkhart, M. L, Horn Mallers, M. & Bono, K. E. (2017). Daily reports of stress, mood, and physical health in middle childhood. *Journal of Child and Family Studies, 26,* 1345–1355. https://doi.org/10.1007/s10826-017-0665-0

Carver, C. S. & Connor-Smith, J. (2010). Personality and coping. *Annual Review of Psychology, 61,* 679–704. https://doi.org/10.1146/annurev.psych.093008.100352

Cheetham-Blake, T. J., Turner-Cobb, J. M., Family, H. E. & Turner, J. E. (2019). Resilience characteristics and prior life stress determine anticipatory response to acute social stress in children aged 7–11 years. *British Journal of Health Psychology, 24,* 282–297. https://doi.org/10.1111/bjhp.12353

Chloé, C. (2016). Zum Einsatz von Entspannungsverfahren in der Kinder- und Jugendpsychiatrie. In H. Deimel & T. Timme (Hrsg.), *Bewegungs- und Sporttherapie bei psychischen Erkrankungen des Kindes- und Jugendalters* (S. 216–235). Baden-Baden: Academia.

Coddington, R. D. (1972). The significance of life events as etiologic factors in the diseases of children. *Journal of Psychosomatic Research, 16,* 205–213. https://doi.org/10.1016/0022-3999(72)90045-1

Cousino, M. K. & Hazen, R. A. (2013). Parenting stress among caregivers of children with chronic stress: A systematic review. *Journal of Pediatric Psychology, 38,* 809–828. https://doi.org/10.1093/jpepsy/jst049

Cowen, E. D., Work, W. C., Wyman, P. A., Parker, G. R., Wannon, M. & Gribble, P. (1992). Test comparisons among stress-affected, stress-resilient, and non classified fourth-through six-grade urban children. *Journal of Community Psychology, 29,* 200–214. https://doi.org/10.1002/1520-6629(199207)20:3<200::AID-JCOP2290200304>3.0.CO;2-W

Dirks, S., Klein-Heßling, J. & Lohaus, A. (1994). Entwicklung und Evaluation eines Stressbewältigungsprogrammes für das Grundschulalter. *Psychologie in Erziehung und Unterricht, 41,* 180–192.

Domsch, H. & Lohaus, A. (2010). *Elternstressfragebogen (ESF).* Göttingen: Hogrefe.

Domsch, H., Lohaus, A. & Fridrici, M. (2016). *Kinder im Stress - Tipps für Eltern: Positiv mit Stress umgehen lernen.* Heidelberg: Springer. https://doi.org/10.1007/978-3-662-47719-9

Döpfner, M., Plück, J. & Kinnen, C., für die Arbeitsgruppe Deutsche Child Behavior Checklist. (2014). *Deutsche Schulalter-*

Formen der Child Behavior Checklist von Thomas M. Achenbach. *Elternfragebogen über das Verhalten von Kindern und Jugendlichen (CBCL/6-18R), Lehrerfragebogen über das Verhalten von Kindern und Jugendlichen (TRF/6-18R), Fragebogen für Jugendliche (YSR/11-18R)*. Göttingen: Hogrefe.

Eschenbeck, H., Kohlmann, C.-W. & Lohaus, A. (2007). Gender differences in coping strategies in children and adolescents. *Journal of Individual Differences, 28*, 18-26. https://doi.org/10.1027/1614-0001.28.1.18

Eschenbeck, H., Lohaus, A. & Kohlmann, K.-W. (2007). Instrumente zur Erfassung von Stress und Coping im Kindesalter. In I. Seiffge-Krenke & A. Lohaus (Hrsg.), *Stress und Stressbewältigung im Kindes- und Jugendalter* (S. 31-46). Göttingen: Hogrefe.

Eschenbeck, H., Schmid, S., Schröder, I., Wasserfall, N. & Kohlmann, C.-W. (2018). Development of coping strategies from childhood to adolescence. *European Journal of Health Psychology, 25*, 18-30. https://doi.org/10.1027/2512-8442/a000005

Gloria, C. T. & Steinhardt, M. A. (2014). Relationships among positive emotions, coping, resilience and mental health. *Stress and Health, 32*, 145-156. https://doi.org/10.1002/smi.2589

Goodman, R. (1997). The Strengths and Difficulties Questionnaire: A research note. *Journal of Child Psychology and Psychiatry, 38*, 581-586. https://doi.org/10.1111/j.1469-7610.1997.tb01545.x

Goodman, R. (1999). The extended version of the Strengths and Difficulties Questionnaire as a guide to child psychiatric caseness and consequent burden. *Journal of Child Psychology and Psychiatry, 40*, 791-801. https://doi.org/10.1111/1469-7610.00494

Gunnar, M. & Quevedo, K. (2007). The neurobiology of stress and development. *Annual Review of Psychology, 58*, 145-173. https://doi.org/10.1146/annurev.psych.58.110405.085605

Hampel, P. & Petermann, F. (2016). *Stressverarbeitungsfragebogen nach Janke und Erdmann angepasst für Kinder und Jugendliche* (2. Aufl.). Göttingen: Hogrefe.

Hampel, P. & Petermann, F. (2017). *Cool bleiben - Stress vermeiden. Das Anti-Stress-Training für Kinder* (3. Aufl.). Weinheim: Beltz.

Hampel, P., Petermann, F., Stauber, T., Stachow, R., Wilke, K., Scheewe, S. & Rudolph, H. (2002). Kognitiv-behaviorales Stressbewältigungstraining in der Patientenschulung von Kindern und Jugendlichen mit atopischer Dermatitis. *Verhaltenstherapie und Verhaltensmodifikation, 23*, 31-52.

Hampel, P., Rudolph, H., Stachow, R. & Petermann, F. (2003). Multimodal patient education program with stress management for childhood and adolescent asthma. *Patient Education and Counseling, 49*, 59-66. https://doi.org/10.1016/S0738-3991(02)00046-0

Hayes, S. A. & Watson, S. L. (2013). The impact of parenting stress: A meta-analysis of studies comparing the experience of parenting stress in parents of children with and without Autism Spectrum Disorder. *Journal of Autism and Developmental Disorders, 43*, 629-642. https://doi.org/10.1007/s10803-012-1604-y

Heinrichs, N., Lohaus, A. & Maxwill, J. (2017). *Emotionsregulationstraining für das Kindesalter*. Göttingen: Hogrefe. https://doi.org/10.1026/02766-000

Hoffner, C. (1993). Children's strategies for coping with stress: Blunting and monitoring. *Motivation and Emotion, 17*, 91-106. https://doi.org/10.1007/BF00995187

Jacobson, E. (1938). *Progressive Relaxation*. Chicago: University of Chicago Press.

Klasen, H., Woerner, W., Wolke, D., Meyer, R., Overmeyer, S., Kaschnitz, W., Rothenberger, A. & Goodman, R. (2000). Comparing the German versions of the Strengths and Difficulties Questionnaire (SDQ-Deu) and the Child Behavior Checklist. *European Child and Adolescent Psychiatry, 9*, 271-276. https://doi.org/10.1007/s007870070030

Klein-Heßling, J. (1997). *Stressbewältigungstrainings für Kinder: Eine Evaluation*. Tübingen: dgvt.

Klein-Heßling, J. & Lohaus, A. (1999). Zur Wirksamkeit von Entspannungsverfahren bei unruhigem und störendem Schülerverhalten. *Zeitschrift für Gesundheitspsychologie, 7*, 105-119. https://doi.org/10.1026//0943-8149.7.4.213

Klein-Heßling, J. & Lohaus, A. (2002). Benefits and interindividual differences in children's responses to extended and intensified relaxation training. *Anxiety, Stress, and Coping, 15*, 275-288. https://doi.org/10.1080/1061580021000020734

Koeppen, A. S. (1974). Relaxation training for children. *Elementary School Guidence and Counseling, 9*, 14-21.

Kohlmann, C.-W., Eschenbeck, H., Jerusalem, M. & Lohaus, A. (2021). *Diagnostik von Stress und Stressbewältigung*. Göttingen: Hogrefe.

Krampen, G. (1995). Systematische Entspannungsmethoden für Kindergarten- und Primarschulkinder. *Report Psychologie, 20*, 47-65.

Lazarus, R. S. (1966). *Psychological stress and the coping process*. New York: McGraw Hill.

Lazarus, R. S. & Launier, R. (1978). Stress-related transactions between persons and environment. In L. A. Pervin & M. Lewis (Eds.), *Perspectives in interactional psychology* (pp. 287-327). New York: Plenum Press.

Lohaus, A. (1990). *Gesundheit und Krankheit aus der Sicht von Kindern*. Göttingen: Hogrefe.

Lohaus, A., Beyer, A. & Klein-Heßling, J. (2004). Stresserleben und Stresssymptomatik bei Kindern und Jugendlichen. *Zeitschrift für Entwicklungspsychologie und Pädagogische Psychologie, 36*, 38-46. https://doi.org/10.1026/0049-8637.36.1.38

Lohaus, A., Chodura, S., Moeller, C., Symanzik, T., Ehrenberg, D., Job, A.-K., Reindl, V., Konrad, K. & Heinrichs, N. (2017). Children's mental health problems and their relation to parental stress in foster mothers and fathers. *Child and Adolescent Psychiatry and Mental Health, 11*, 43. https://doi.org/10.1186/s13034-017-0180-5

Lohaus, A., Domsch, H. & Klein-Heßling, J. (2017). Gesundheitsförderung im Unterricht. In M. Schweer (Hrsg.), *Lehrer-Schüler-Interaktion* (3., überarb. Aufl.). Heidelberg: Springer VS.

Lohaus, A., Eschenbeck, H., Kohlmann, C.-W. & Klein-Heß-ling, J. (2018). *Fragebogen zur Erhebung von Stress und Stress-bewältigung im Kindes- und Jugendalter - Revision (SSKJ 3-8)*. Göttingen: Hogrefe.

Lohaus, A., Fleer, B., Freytag, P. & Klein-Heßling, J. (1996). *Fragebogen zur Erhebung von Stresserleben und Stressbewälti-gung im Kindesalter (SSK)*. Göttingen: Hogrefe.

Lohaus, A. & Klein-Heßling, J. (2000). Coping in childhood: A comparative evaluation of different relaxation techniques. *Anxiety, Stress, and Coping, 13*, 187-211. https://doi.org/10.10 80/10615800008248339

Lohaus, A. & Nussbeck, F. (2016). *Fragebogen zu Ressourcen im Kindes- und Jugendalter (FRKJ 8-16)*. Göttingen: Hogrefe.

Lohaus, A. & Vierhaus, M. (2019). *Entwicklungspsychologie des Kindes- und Jugendalters*. Heidelberg: Springer. https://doi.org/10.1007/978-3-662-59192-5

Meltzer, L.J. & Mindell, J.A. (2007). Relationship between child sleep disturbances and maternal sleep, mood, and paren-ting stress: A pilot study. *Journal of Family Psychology, 21*, 67-73. https://doi.org/10.1037/0893-3200.21.1.67

Mesman, J. & Koot, H.M. (2000). Common and specific cor-relates of preadolescent internalizing and externalizing psy-chopathology. *Journal of Abnormal Psychology, 109*, 428-437. https://doi.org/10.1037/0021-843X.109.3.428

Moore, T. (1975). Stress in normal childhood. In L. Levi (Ed.), *Society, stress and disease: Childhood and adolescents. Vol. II* (pp. 170-180). London: Oxford University Press.

Neece, C.L., Green, S.A. & Baker, B.L. (2012). Parenting stress and child behaviour problems: A transactional relationship across time. *American Journal on Intellectual and Develop-mental Disabilities, 117*, 48-66. https://doi.org/10.1352/19 44-7558-117.1.48

Noeker, M. (1996). Einsatzmöglichkeiten von Entspannung bei chronisch kranken Kindern. In U. Petermann (Hrsg.), *Ruherituale und Entspannung mit Kindern und Jugendlichen* (S. 109-121). Baltmannsweiler: Schneider-Verlag Hohen-gehren.

Petermann, F. & Petermann, U. (2012). *Training mit aggressi-ven Kindern* (13. Aufl.). Weinheim: Beltz.

Petermann U. & Petermann F. (1993). Entspannungsverfahren bei Kindern und Jugendlichen. In D. Vaitl & F. Petermann

(Hrsg.), *Handbuch der Entspannungsverfahren. Band 1: Grund-lagen und Methoden* (S. 316-334). Weinheim: Psychologie Verlags Union.

Ravens-Sieberer U. (2003). Der Kindl-R Fragebogen zur Er-fassung der gesundheitsbezogenen Lebensqualität bei Kin-dern und Jugendlichen - Revidierte Form. In J. Schumacher, A. Klaiberg & E. Brähler (Hrsg.), *Diagnostische Verfahren zu Lebensqualität und Wohlbefinden* (S. 184-188). Göttingen: Hogrefe.

Ravens-Sieberer, U. & Bullinger, M. (2000). *Fragebogen zur Er-fassung der gesundheitsbezogenen Lebensqualität bei Kindern und Jugendlichen (KINDL^R)*. Verfügbar unter https://www.kindl.org/deutsch/fragebögen/

Ruiz-Casares, M., Guzder, J., Rousseau, C. & Kirmayer, L.J. (2014). Cultural roots of well-being and resilience in child mental health. In A. Ben-Arieh, F. Casas, I. Frønes & J. Kor-bin (Eds.), *Handbook of child well-being* (pp. 2379-2407). Dordrecht: Springer. https://doi.org/10.1007/978-90-481-9063-8_93

Steinhausen, H.-C. & Winkler Metzke, C. (2001). Die Zürcher Lebensereignis-Liste (ZLEL): Ergebnisse einer Schweizer epidemiologischen Untersuchung. *Kindheit und Entwicklung, 10*, 47-55. https://doi.org/10.1026//0942-5403.10.1.47

Tröster, H. (2010). *Eltern-Belastungs-Inventar (EBI)*. Göttingen: Hogrefe.

Wagner, H. (1981). *Hamburger Verhaltensbeurteilungsliste (HAVEL)*. Göttingen: Hogrefe.

Yeo, K., Frydenberg, E., Northam, E. & Deans, J. (2014). Co-ping with stress among preschool children and associations with anxiety level and controllability of situations. *Austra-lian Journal of Psychology, 66*, 93-101. https://doi.org/10.11 11/ajpy.12047

Ziegler, H. (2015). *Burn-out im Klassenzimmer: Wie gestresst sind Kinder und Jugendliche in Deutschland?* Verfügbar unter https://www.bepanthen.de/kinderfoerderung/sozialfor-schung/stress-bei-kindern/

Zimmer-Gembeck, J. & Skinner, E.A. (2011). The development of coping across childhood and adolescence: An integrative review and critique of research. *International Journal of Be-havioral Development, 35*, 1-17. https://doi.org/10.1177/016 5025410384923

Anhang

Anhang A:
Präsentationsfolien für Elternabende

Folie 1

Bleib locker

Ziele

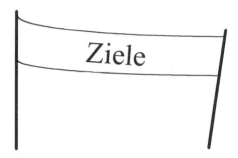

- Die Kinder wissen, wie Stress entsteht

- Die Kinder kennen eigene Stresssituationen

- Die Kinder kennen eigene Stressreaktionen

- Die Kinder verfügen über ein breites Spektrum an Stressbewältigungsstrategien

- Die Kinder haben Spaß an dem Training

Die Kinder können besser
mit Belastungen umgehen
und fühlen sich wohler

Folie 2

Bleib locker

Welche Kinder können teilnehmen?

- Alle Kinder, die zurzeit durch Stress belastet sind

- Alle Kinder, die in Zukunft von einem Training profitieren können

- Alle Kinder, die die dritte oder vierte Klasse besuchen

- Alle Kinder, die mit einer Gruppe von Kindern klarkommen

Folie 3

Bleib locker

Trainingsbausteine

Stressmodell   Entspannung/Ruhepausen

Stressreaktionen   Stresssituationen   Bewältigungsstrategien

Spielen/Spaß haben   Kognitive Strategien   Sich mitteilen

Spiele und Übungen

Malen   Entspannungsübungen
Fallgeschichten   Rollenspiele

Brainstormings   Fragebogen
Arbeitsbogen

Comics   Hausaufgaben
Auflockerungsspiele   Interviews
Diskussionen

Folie 4

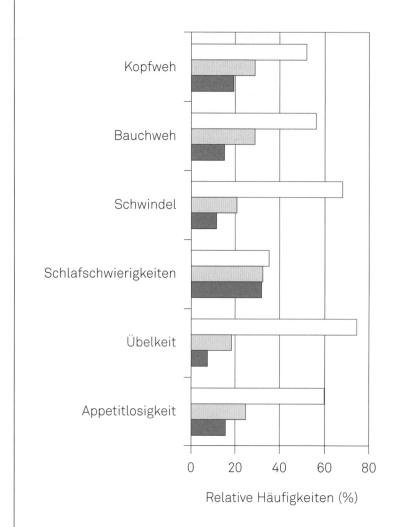

Stress bei Kindern

Nennung von körperlichen Symptomen
(bezogen auf den Zeitraum einer Woche)

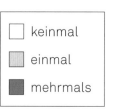

Relative Häufigkeiten (%)

Dritt- und Viertklässler

Bleib locker

Evaluationsergebnisse aus dem Modellprojekt

- 80 Prozent der Kinder hat das Training sehr viel oder viel Spaß gemacht

- Die Kinder haben nach dem Training ein breiteres Wissen über Stresssituationen, Stressreaktionen und Stress-bewältigungsstrategien

- Die Kinder und ihre Eltern schätzen eine Woche und sechs Monate nach dem Training typische Stresssituationen als weniger belastend ein

- Typische Stresssymptome treten eine Woche und sechs Monate nach dem Training seltener bei den Kindern auf

Bleib locker

Was können Eltern tun?

- Aufmerksam sein für wiederkehrende Stresssituationen und Stresssymptome: Kinder anregen, über Probleme und vermeintliches Versagen zu sprechen

- Probleme ernstnehmen: Was das Kind bedrückt, nehmen Erwachsene manchmal nicht ernst genug

- Kindern die Anforderungen bieten, bei denen sie sich wohlfühlen: Kindern genügend Zeit zum spontanen Spiel lassen

- Loben und damit das Selbstvertrauen stärken

- Selbst eine gewisse Gelassenheit vorleben: Stressbewältigung für Erwachsene

- Keine Scheu haben, fachliche Hilfe zu suchen

Anhang B:
Gefühlekarten

Seite 1/2

Gefühlekarten

Ich bin gestresst	Ich bin ängstlich
Ich bin stolz	Ich bin nervös
Ich bin aufgeregt	Ich bin locker

Seite 2/2

Gefühlekarten	
Ich bin zufrieden	Ich bin ärgerlich
Ich bin glücklich	Ich bin wütend
Ich bin müde	Ich bin traurig

Anhang C:
Kindermaterial

Bleib locker

Wie du mit Stress klarkommst

Bei Stress immer cool zu sein, ist ganz schön
anstrengend und oft nur Show. Echt cool ist es,
mit Stress richtig umzugehen. Das ist gar nicht
so schwer, wenn man weiß, wie das richtig funktioniert.

Die Stresswaage

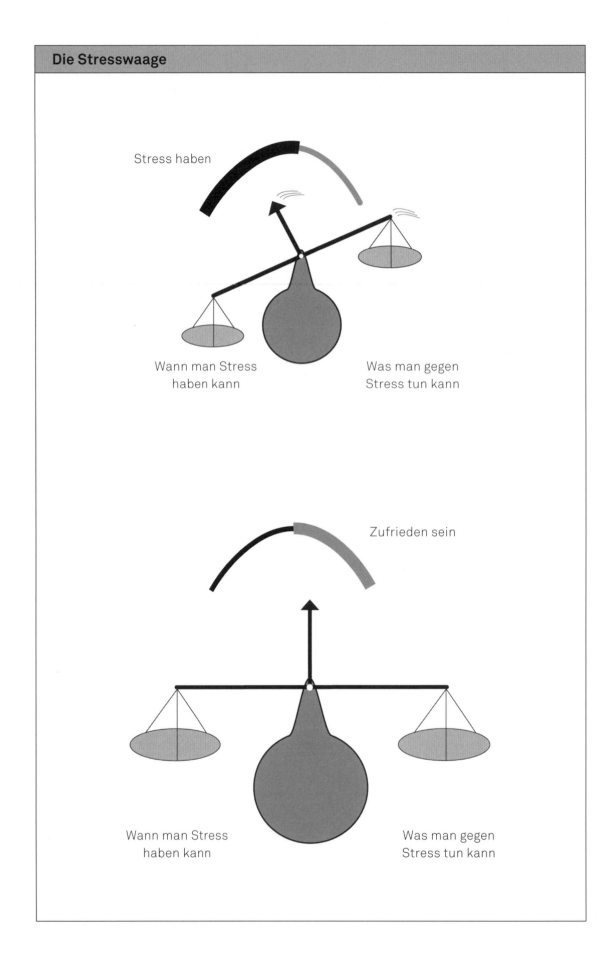

Stress haben

Wann man Stress
haben kann

Was man gegen
Stress tun kann

Zufrieden sein

Wann man Stress
haben kann

Was man gegen
Stress tun kann

Die Entspannungs-CD

Was du zum Üben mit der Entspannungs-CD wissen solltest:

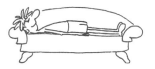

Entspannung ist wie ein Zaubertrick, der dir bei Aufregung und Stress nützlich sein kann. Wie jeder Zaubertrick muss auch Entspannung richtig eingeübt werden, am besten einmal am Tag. Wann du die Übung machen möchtest, kannst du dir selbst aussuchen. Manche Kinder machen sie gerne vor den Hausaufgaben, andere lieber hinterher und manchen Kindern hilft die Entspannungsübung beim Einschlafen.

Wenn du die Entspannung zum Einschlafen machst, solltest du danach nicht wieder aufstehen. Denn wer sich nach einer Entspannungsübung wieder richtig bewegt, ist hellwach und munter und kann für eine Weile nicht mehr einschlafen.

Die CD gibt dir Anweisungen zum Anspannen und Entspannen verschiedener Muskeln deines Körpers. Die ganze Übung dauert ungefähr 15 Minuten. Gehe zum Üben in ein Zimmer, in dem du nicht gestört wirst.

Beim Üben wirst du merken, dass sich manche Muskeln ganz leicht entspannen lassen und dass es bei anderen Muskeln schwieriger ist. Merke dir für unser nächstes Treffen, welche Muskeln du gut entspannen kannst und welche nicht so gut. Was für dich besonders schwierig ist, können wir beim nächsten Mal noch einmal üben.

Auf der CD sind noch andere Entspannungsgeschichten. Wenn du dir jeden Tag Zeit für eine Entspannungsübung nimmst, wirst du bald ein Entspannungsprofi sein. Dann kannst du die Entspannung auch ohne die CD machen und dir dabei auch eigene Geschichten ausdenken. Und wenn du überhaupt keine Lust zum Üben hast, dann ist das auch nicht schlimm.

Viel Spaß mit der Entspannungs-CD!

Stress im Körper

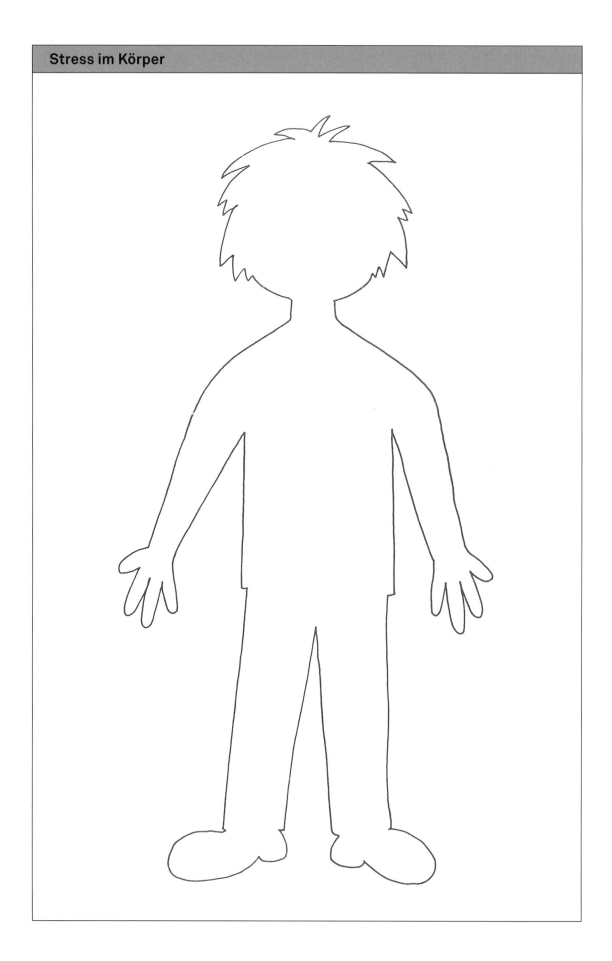

Steckbrief Stress

Gesucht wird: **STRESS**

Wann hast du ihn das letzte Mal bemerkt?

_____

_____

_____

Woran hast du ihn erkannt?

_____

_____

_____

Was ist passiert?

_____

_____

_____

Was hast du gemacht, um ihn wieder loszuwerden?

_____

_____

_____

Was ich bei Stress alles tun kann

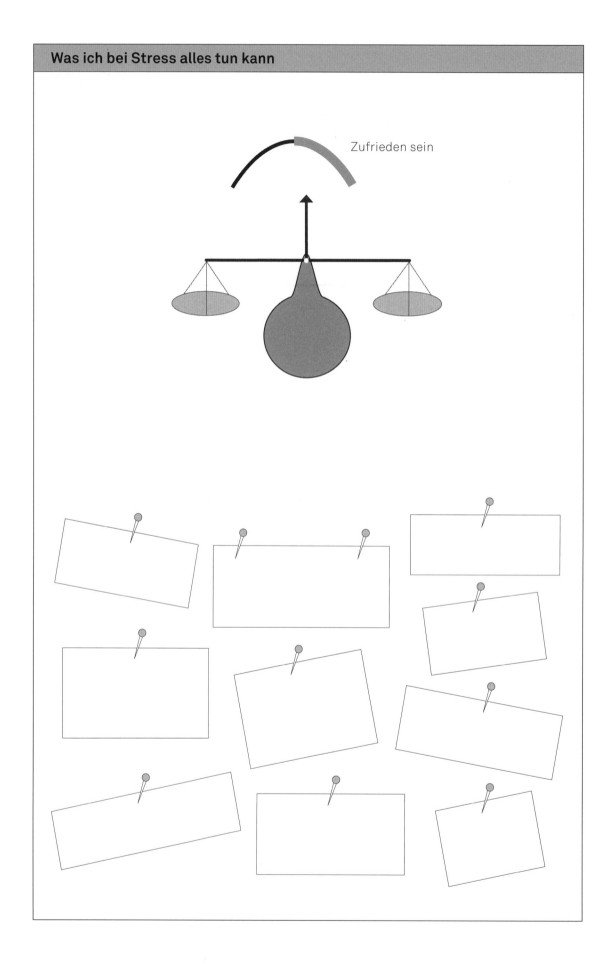

Zufrieden sein

Stressgeschichten Teil 1
"Paul Peinlich" und "Greta Gram"

Paul Peinlich

Paul hatte sich sehr gefreut, als er endlich in die Schule kam. Und er war in der ersten und zweiten Klasse ein guter Schüler. Seine Eltern haben ihn auch deswegen immer gelobt.

Als er in der vierten Klasse ist, schreibt er eine Mathearbeit. Einen Tag später gibt die Lehrerin die Arbeiten zurück. Zu Paul sagt sie: "Diese Arbeit war ja ganz schön schwer für dich." Paul wird ganz blass im Gesicht, als er seine Note sieht. Er macht das Heft schnell zu und packt es weg. Er kann gar nicht glauben, dass er so viele Fehler gemacht hat.

Paul geht nach Hause. Es ist ihm peinlich, dass er eine so schlechte Note bekommen hat und er möchte am liebsten, dass es keiner erfährt. Als er zu Hause ankommt, fragt seine Mutter ihn, wie es denn heute in der Schule gelaufen ist, und Paul wird ganz komisch zumute. "Gut" stammelt er heraus und geht schnell in sein Zimmer. Als er zum Abendessen kommt, ist ihm immer noch nicht wohl, aber er weiß nicht, was er tun soll.

Greta Gram

In der großen Pause spielen die Kinder auf dem Pausenhof. Tanja schlägt vor, gemeinsam etwas zu spielen. Sie entschließen sich zu dem Spiel "Blinde Kuh".

Sie rufen Greta, die auch in der Nähe ist, und fragen sie, ob sie auch mitspielen möchte. Greta kann es nicht glauben. Sie darf auch mitspielen? Das kommt nicht oft vor. Wegen ihrer dicken Brille machen sich viele Kinder über Greta lustig, und oft steht sie in der Pause ganz allein in einer Ecke. Doch heute ist es anscheinend anders.

Ihre Freude soll aber nicht lange dauern. Gerhard sagt nämlich gerade "Greta, komm, du darfst die Blinde Kuh sein. Dir brauchen wir die Augen nicht zuzubinden. Wir nehmen dir einfach deine dicke Brille weg und dann kannst du sowieso nichts mehr sehen." Die Kinder lachen, aber Greta hat auf einmal solche Wut, dass sie wegläuft und weint.

Stressgeschichten Teil 2

„Harald Hetzig"

Harald Hetzig ist 10 Jahre alt und geht in die vierte Klasse einer Grundschule in Zwergendorf. An manchen Tagen hat Harald Hetzig so viel vor, dass er nicht mehr weiß, wo ihm der Kopf steht. Einen solchen Tag aus dem Leben des Harald Hetzig wollen wir uns jetzt anschauen.

Es ist ein Montag im Mai und schon beim Frühstück wird Harald Hetzig ganz nervös, wenn er überlegt, was er heute alles tun muss. Vier Stunden Schule, dann schnell Mittagessen und Hausaufgaben machen, denn um drei Uhr muss Harald beim Flötenunterricht sein. Das geht bis um vier. Um halb sechs hat Harald Fußballtraining bis sieben. Zwischen Flötenunterricht und Fußballtraining will er noch schnell bei der Geburtstagsfeier seines Freundes Stefan vorbeischauen, denn dort ist es immer so lustig, und das will er auf keinen Fall verpassen.

Als Harald nach der Schule zu Hause angekommen ist, wirft er seinen Schulranzen in sein Zimmer und schaufelt sich schnell das Mittagessen rein. Anschließend geht es an die Hausaufgaben: Rechenaufgaben für Mathe. Am Anfang geht es ja noch ganz gut. Aber dann dauert es immer länger, bis Harald das Ergebnis einfällt. Er ist mit seinen Gedanken schon beim Flötenunterricht, bei der Geburtstagsfeier …, ach und dann war da ja auch noch das Fußballtraining. Und während er so grübelt, klingelt es an der Haustür. Birgit ist da, sie will ihn zum Flötenunterricht abholen. Also, schnell das Matheheft zugeklappt, „den Rest mache ich heute Abend", denkt Harald und auf geht's.

Beim Flötenunterricht angekommen stellt Harald fest, dass er seine Noten zu Hause liegengelassen hat. Pech, so muss er halt bei Birgit mit in die Noten schauen. Aber heute klappt das Zusammenspiel überhaupt nicht. Ständig verpennt Harald seine Einsätze, er kann sich überhaupt nicht richtig konzentrieren. So bringt er also auch dies mehr schlecht als recht hinter sich und weiter geht's.

Bei der Geburtstagsfeier seines Freundes sitzen alle schon am Tisch und essen Kuchen. „Schön, dass du's noch geschafft hast", sagt Stefan. Als Harald gerade sitzt, haben die Kinder die Idee, Stille Post zu spielen: Stefan denkt sich einen Satz aus und flüstert ihn Anja zu, diese erzählt das, was sie verstanden hat, leise dem nächsten Kind. Als Harald als Letzter an der Reihe ist, hört man nur ein leises „Ratze püüh, ratze püüüh". Und als sich die anderen Kinder Harald anschauen, stellen sie fest, dass seine Augen geschlossen sind. Harald ist während des Spiels eingeschlafen. Durch das Gelächter der anderen geweckt wird Harald wach und fragt ganz verwirrt, wo er ist. Es ist ihm peinlich, aber lange braucht er hier ja auch nicht mehr zu bleiben. Gleich hat er Fußballtraining.

Beim Fußballtraining werden die Kinder heute mal so richtig rangenommen und als Harald um sieben endlich wieder zu Hause ankommt, schmeißt er sich sofort aufs Bett und als er wieder wach wird, hört er seine Mutter sagen „Harald, es wird Zeit, dass du aus den Federn kommst, sonst bist du nicht mehr rechtzeitig in der Schule."

Aus Klein-Heßling und Lohaus: Stresspräventionstraining für Kinder im Grundschulalter © 2021 Hogrefe, Göttingen.

Stressgeschichten Teil 3

„Petra Plan"

Eigentlich heißt Petra Plan Sabine Müller. Aber ihre Freundinnen haben ihr diesen komischen Namen gegeben, weil ihre Woche ganz verplant ist. Ständig muss sie irgendwo hingehen, fast nie hat sie Zeit, das zu tun, wozu sie gerade Lust hat.

Morgens ist sie natürlich in der Schule und nachmittags nach den Hausaufgaben hat sie mal Musikunterricht und dann hat sie dreimal in der Woche Sport: Sie geht zum Schwimmen und zum Tennis. Am Wochenende muss sie dann zu den Wettkämpfen. „Gut, dass es die Wettkämpfe nur beim Schwimmen gibt und noch nicht beim Tennis", denkt sie manchmal: Sonst wüsste sie gar nicht, wo sie die Zeit hernehmen soll, um überall dabei zu sein.

Weil Petra Plan immer irgendwohin muss, ist sie manchmal ganz traurig, wenn ihre Freundinnen sich morgens in der Schule verabreden, um nachmittags zum Spielplatz zu gehen. Dort treffen sie sich, um über dieses und jenes zu reden, was eben gerade wichtig ist, oder sie basteln etwas oder hören Musik. Und Petra hat eigentlich nie Zeit, um dabei zu sein.

Deshalb hat Petra Plan wegen ihrer vielen Termine oft Stress. Sie wünscht sich oft, einfach mal das zu tun, was ihr gerade einfällt: ein Buch anschauen, faulenzen, Musik hören, mit einer Freundin telefonieren, mit dem Bruder etwas spielen. Einmal hat sie nachts geträumt, sie wäre Mitglied im „Tennflöschwimmverein 09 e.V". Dort wird einmal in der Woche „Tennflö-schwimm" gespielt. Zwei Mannschaften schwimmen – durch ein Netz voneinander getrennt – in einem Schwimmbecken und versuchen, einen gelben Ball mit einer dicken Blockflöte über das Netz zu spielen. Den Rest der Woche – so hat sie geträumt – konnte sie nach den Hausaufgaben immer das machen, wozu sie gerade Lust hatte.

Als sie dann aufwachte, sagte sie sich: „So ein bisschen wie im Traum sollte es sonst auch sein. Aber weil es in meiner Stadt noch keine Tennflöschwimmvereine gibt, muss ich irgendetwas anderes unternehmen."

Mein Wochenplan

	Montag	Dienstag	Mittwoch	Donnerstag	Freitag	Samstag	Sonntag
Vormittag							
Nachmittag							

Was mir alles Spaß macht-Liste

Wie viel Spaß machen dir die folgenden Dinge?

	sehr viel	viel	wenig	überhaupt keinen
Musik hören	☺ Spaß	☺ Spaß	☹ Spaß	☹ Spaß
Lesen	☺	☺	☹	☹
Mit Freunden spielen	☺	☺	☹	☹
Basteln	☺	☺	☹	☹
Schwimmen gehen	☺	☺	☹	☹
Musik machen	☺	☺	☹	☹
Alleine spielen	☺	☺	☹	☹
Malen	☺	☺	☹	☹
Quatsch machen	☺	☺	☹	☹

	sehr viel	viel	wenig	überhaupt keinen
Sport machen	Spaß	Spaß	Spaß	Spaß
Fernsehen				
Faulenzen				
Spazieren gehen				

Was mir sonst noch Spaß macht:

_____

_____

_____

Schau dir nun die ersten beiden Seiten noch einmal an. Schreibe dann alles, was dir sehr viel oder viel Spaß macht, auf dieser Seite auf. Kreuze dazu bitte an, wie häufig du das machst.

	oft	manchmal	selten	nie
_____	◯	◯	◯	◯
_____	◯	◯	◯	◯
_____	◯	◯	◯	◯
_____	◯	◯	◯	◯
_____	◯	◯	◯	◯
_____	◯	◯	◯	◯
_____	◯	◯	◯	◯

Stressgeschichten Teil 4

Seite 2/3

Was ich denke, wenn ich Stress habe

Seite 1/2

„Bleib locker"-Geschichte

Was ich gegen Stress denken kann

Übersicht über die Arbeitsmaterialien auf der CD-ROM

Präsentationsfolien für Elternabende

- Folie 1: Bleib locker – Ziele
- Folie 2: Bleib locker – Welche Kinder können teilnehmen?
- Folie 3: Bleib locker – Trainingsbausteine
- Folie 4: Stress bei Kindern
- Folie 5: Bleib locker – Evaluationsergebnisse aus dem Modellprojekt
- Folie 6: Bleib locker – Was können Eltern tun?

Gefühlekarten

- Gefühlekarten

Kindermaterial

- Bleib locker – Wie du mit Stress klarkommst
- Die Stresswaage
- Die Entspannungs-CD
- Stress im Körper
- Steckbrief Stress
- Was ich bei Stress alles tun kann
- Stressgeschichten Teil 1
- Stressgeschichten Teil 2
- Stressgeschichten Teil 3
- Mein Wochenplan
- Was mir alles Spaß macht-Liste
- Stressgeschichten Teil 4
- Was ich denke, wenn ich Stress habe
- „Bleib locker"-Geschichte
- Was ich gegen Stress denken kann

Johannes Klein-Heßling/
Arnold Lohaus
Bleib locker
Entspannungs-CD

3., unveränd. Auflage 2020,
€ 16,95 / CHF 21.90
ISBN 978-3-8017-3099-4

Zahlreiche Kinder leiden schon im Grundschulalter unter Stresssymptomen. Mithilfe der Progressiven Muskelentspannung (PME) können Kinder lernen, sich zu entspannen, wenn sie sich nervös oder gestresst fühlen. Die Audio-CD enthält Instruktionen zu zwei Entspannungsübungen.

Vanessa Speck
**Progressive Muskel-
entspannung für Kinder**
Entspannungs-CD

2., unveränd. Auflage 2018,
€ 16,95 / CHF 21.90
ISBN 978-3-8017-2872-4

Hektik, Unruhe, Stress und Leistungsdruck prägen die Lebenssituation zahlreicher Kinder und Jugendlicher. Mit Progressiver Muskelentspannung können sie lernen, sich Momente der Ruhe und Entspannung im Alltag zu verschaffen. Die Audio-CD enthält Instruktionen zu drei Entspannungsübungen für Kinder und Jugendliche im Alter von 8 bis 12 Jahren.

Ulrike Petermann
**Die Kapitän-Nemo-
Geschichten**
Geschichten gegen Angst
und Stress

20., korr. Auflage 2019,
100 Seiten, Kleinformat,
€ 9,95 / CHF 13.50
ISBN 978-3-8017-2969-1
Auch als eBook erhältlich

Die Entspannungsgeschichten helfen Kindern, sich zu entspannen und so Angst und Unruhe abzubauen. Leitfigur ist Kapitän Nemo, der sie zu Reisen durch die Weltmeere mit dem Unterwasserboot Nautilus einlädt.

Martin Holtmann et al.
**Störungen der
Affektregulation**

(Reihe: Leitfaden Kinder- und Jugendpsychotherapie, Band 22)
2017, X/161 Seiten,
€ 24,95 / CHF 32.50
(Im Reihenabonnement
€ 17,95 / CHF 24.50)
ISBN 978-3-8017-2510-5
Auch als eBook erhältlich

Der Leitfaden beschreibt anwenderorientierte Leitlinien zur Diagnostik und Behandlung von Störungen der Affektregulation. Materialien zur Diagnostik und Behandlung sowie Fallbeispiele ergänzen den Leitfaden.

Dörte Grasmann et al.
Wütend, traurig und gereizt
Informationen zur Emotions-
regulation für Betroffene, Eltern,
Lehrer und Erzieher

(Reihe: Ratgeber Kinder- und Jugendpsychotherapie, Band 22)
2018, 53 Seiten, Kleinformat,
€ 8,95 / CHF 11.90
ISBN 978-3-8017-2511-2
Auch als eBook erhältlich

Der Ratgeber zeigt auf, woran man Störungen der Emotionsregulation erkennen kann und wie sie sich von anderen psychischen Störungen abgrenzen lassen. Er gibt zahlreiche Hinweise zum Umgang mit den Schwierigkeiten in Familie und Schule an die Hand. Kinder und Jugendliche erhalten zudem Tipps zur Selbsthilfe.

Alexander von Gontard
Enuresis

(Reihe: Leitfaden Kinder- und Jugendpsychotherapie , Band 4)
3., vollst. überarb. Auflage 2018,
XII/189 Seiten,
€ 24,95 / CHF 32.50
(Im Reihenabonnement
€ 17,95 / CHF 24.50)
ISBN 978-3-8017-2934-9
Auch als eBook erhältlich

Die Neubearbeitung des Bandes vermittelt die von deutschen und internationalen Fachgesellschaften und Arbeitsgruppen geforderten Standards in der Diagnostik und Therapie von Enuresis. Zahlreiche Materialien, die sich in der Diagnostik des Einnässens sowie in der Urotherapie bewährt haben, werden zur Verfügung gestellt.

www.hogrefe.com